Adresse: Himmel/Liebesbriefe von P. Leopold

⊂fe

© Fe-Medienverlag, 88353 Kisslegg
www.fe-medien.de
2. Auflage 2010
Fotos: Christoph Hurnaus (S. 59/101/123/Titelbid)
und Jürgen Skarvan (S. 109/Rückseite)
Titelbild: Mittelteil des Hochaltars von Michael Bacher
in St. Wolfgang im Salzkammergut
Druck: orth-druk, Bialystok (Polen)
Umschlaggestaltung: Renate Geisler

ISBN: 978-3-939684-86-2

Adresse:

Himmel

Liebesbriefe von P. Leopold

Inhalt

Vorwort	7
Liebes Christkind!	13
Glorwürdige Königin!	17
Mein lieber hl. Schutzengel!	23
Hochangesehener Mose!	27
Königliche Hoheit!	33
Lieber, sehr verehrungswürdiger hl. Johannes der Täufer!	39
Hochverehrter, lieber hl. Apostel Petrus!	51
Hochverehrter, lieber hl. Apostel Paulus!	59
Verehrter lieber, hl. Apostel Johannes!	65
Verehrtes Fräulein, liebe hl. Luzia!	71
Eure Exzellenz, hochwürdigster Herr Bischof von Myra! Lieber hl. Nikolaus!	77
Verehrter Ordensvater, lieber hl. Benedikt!	83
Erlauchter Fürst, lieber hl. Wenzel!	93
Eure Majestäten! Liebes hl. Kaiserpaar Heinrich und Kunigunde!	101
Erlauchter Markgraf, hl. Leopold III. von Österreich, lieber Namenspatron!	109
Hochwürdiger Herr Kanonikus Johannes Maria Vianney! Lieber hl. Pfarrer von Ars!	115

Ehrwürdige Schwester, liebe hl. Bernadette!	123
Eure Heiligkeit, lieber hl. Papst Pius X.!	131
Lieber seliger Franz, liebe selige Jacinta!	137
Eure Majestät, lieber sel. Kaiser Karl!	143
Nachwort von Senatsrat Josef Haunschmidt	163
Kurzer Lebenslauf von P. Leopold Strobl OSB	167
Dank	173
Widmung	175

Vorwort

An die Bewohner dieser Erde

Schon mehrmals wurde an mich der Vorschlag herangetragen, meine Lebenserinnerungen, angefangen von der Kindheit, interessanten Begegnungen sowie Erlebnissen auf Reisen in einem Buch festzuhalten. Seit einigen Jahren habe ich nun damit begonnen, an „Himmelsbewohner" Briefe zu richten. Ähnliches hat schon einmal Kardinal Albino Luciani, der spätere Kurzzeitpapst Johannes Paul I., getan, indem er an geschichtliche Persönlichkeiten solche Briefe richtete. Unmittelbare Anregung für mich war aber, als der gegenwärtige Papst Benedikt XVI. anlässlich des Begräbnisgottesdienstes seines Vorgängers Johannes Paul II. diesen in der Predigt angesprochen hat.

Tatsächlich haben einige Heilige sicher einen Einfluss auf mich ausgeübt, was meine Berufswahl betraf. Irgendwie bekommt man aber zu jedem Heiligen, dessen Reliquien bzw. Wallfahrtsstätte man besucht, eine gewisse Beziehung. Ich wäre aber total überfordert, wollte ich an jeden Heiligen und Seligen einen persönlichen Brief richten, bei dem oder der ich mindestens einmal gewesen bin, denn die Zahl derer ist mittlerweile auf 700 gestiegen. Ich kann daher nur eine kleine Auswahl der Heiligen treffen, die mich irgendwie besonders beeindruckt haben oder später zu einem Erlebnis führten, das man nicht so leicht vergisst. Es ist mir natürlich klar, dass eine Bewunderung der Heiligen nicht ausreicht, um einmal mit ihnen die ewigen Wohnungen beziehen zu dürfen. Dazu bedarf es doch vor allem der Nachahmung, wenngleich kein Heiliger, um es mit einem modernen Wort auszudrücken, „geklont" werden kann. Die Leidenschaft für Gott und sein Reich und das Heil der unsterblichen Seelen aber, war ihnen allen gemeinsam, ob es sich dabei um einen Papst oder

Bischof, einen Kaiser oder Fürsten, einen Ordensmann oder um Kinder handelte.

Zugleich wird man aber auch mit Recht behaupten dürfen, dass eine gewisse Begeisterung für die Heiligen eine erste Voraussetzung sein muss. Wer einem nicht imponiert, den wird man kaum nachahmen wollen. Doch der nächste Schritt, der des Nacheiferns, ist ungleich schwieriger als nur die Bewunderung für die Heiligen, die ihr Ziel bei Gott erreicht haben. Diese wissen aber sicher um unsere Anfechtungen, Schwierigkeiten und Versuchungen, denen wir noch ausgesetzt sind, und sie werden uns nicht vergessen, die wir uns noch auf dem Weg befinden.

Früher hat man in diesem Zusammenhang von der „streitenden Kirche" gesprochen, zum Unterschied etwa von der „leidenden Kirche" (gemeint sind dabei die Seelen derer, die sich nach ihrem Tode noch im Zustand der Läuterung befinden) und der „triumphierenden Kirche" (das sind jene, die sich bereits im Himmel befinden). Da das Wort von der „streitenden Kirche" auch missverstanden werden kann (gestritten wird ja tatsächlich viel in der Kirche), spricht man seit dem Konzil mehr von der „pilgernden Kirche", also der Gemeinschaft der Getauften, die sich noch im irdischen Leben befinden.

In diesem Zusammenhang erinnere ich an eine Begebenheit im Leben des ägyptischen Josef, die im Buch Genesis erzählt wird. Seine Brüder haben ihn, weil ihn der Vater mehr als alle anderen Söhne liebte, aus Eifersucht nach Ägypten verkauft, nachdem sie ihn vorher sogar zu töten planten. In Ägypten kaufte ihn Potiphar, ein hoher Beamter des Pharao. Da Gott um Josefs willen sein Hauswesen segnete, hat Potiphar Josef bald hoch geschätzt und so ging es ihm zunächst gut in seinem Haus. Die Frau des Potiphar aber wollte noch mehr von Josef. Sie gedachte ihn zum Ehebruch zu verführen, was Josef aber entschieden ablehnte.

Daraufhin drehte diese den Spieß um und bezichtigte nun Josef selbst des geplanten Ehebruches – und man glaubte ihr. Josef kam ins Gefängnis. Dort deutete er eines Tages zwei Mithäftlingen einen Traum, den sie in der Nacht gehabt hatten. Einem von ihnen konnte er eine positive Deutung geben, nämlich seine Freilassung ankündigen. Dabei bat er ihn, wenn er wieder beim Pharao seinen Dienst als Mundschenk leisten dürfe, doch seiner zu gedenken, da er unschuldig im Gefängnis sitze. Dieser aber vergaß im persönlichen Glück Josef und erinnerte sich erst zwei Jahre später an ihn, als der Pharao selbst zwei Träume hatte, die ihn beunruhigten.

Gerade in diesem Zusammenhang möchte ich an die Heiligen erinnern. Sie vergessen uns gewiss nicht in der Herrlichkeit des Himmels. Das belegen unzählige Votivgaben und Berichte von Gebetserhörungen. Viele wurden von der Kirche sogar als Wunder anerkannt, also für natürlich nicht erklärbar bezeichnet. Als ich Kardinal Schönborn einmal wegen der Causa Kaiser Karls fragte, wie es um den Prozess stehe, versprach er mir, sich in Rom nach dem Verlauf des Wunderprozesses zu erkundigen, was er offensichtlich auch tat. Als nämlich die Seligsprechung des Kaisers bevorstand und der Kardinal im Fernsehen gefragt wurde, ob man nicht andere Personen seligsprechen könnte als ausgerechnet einen Kaiser, gab er zur Antwort: „Das mag schon sein. Aber hier liegt eine Unterschrift des Himmels vor." Nach dem Konzil hörte ich einmal von einem Vertreter der SOG, einer Priestergewerkschaft, die Vermutung, dass Heiligsprechungen abgeschafft werden könnten. Da wurde auf einmal ein Papst gewählt, der mehr Selig -und Heiligsprechungen vornahm als alle seine Vorgänger. Ob dies nicht auch eine Unterschrift des Himmels war? Auch sein Nachfolger Papst Benedikt XVI. hat bereits einige Dutzende zu Heiligen erhoben und hunderte Seligsprechungen vornehmen lassen.

Ein Mensch wird nicht erst durch eine Selig- bzw. Heiligsprechung zur seligen Schau Gottes und zum ewigen seligen Leben im Himmel erhoben. Was dem Seligen und Heiligen gelingt, das muss jedem Menschen gelingen, will er beim Gericht Gottes bestehen und gerettet werden. Mensch sein bedeutet für jeden eine Entscheidung, für oder gegen Gott. Die gelungene Entscheidung mündet in die ewige unverlierbare Seligkeit, die Entscheidung gegen Gott endet in ewiger Gottferne und Verdammung. Alles, was wir denken, sagen oder tun, ist eine Entscheidung für oder gegen die Wahrheit. Diesen Weg der Entscheidung müssen alle Menschen gehen, die armseligen und versuchten Menschen, die erfolgreichen und scheiternden, die armen und reichen, die mächtigen und ohnmächtigen. In Heiligkeit und Gerechtigkeit schuf Gott den Menschen im Paradies. Nichts anderes hatte Gott mit den Menschen vor, als dass er heilig und mit Gott in Liebe unlösbar verbunden sei. Sehr genau prüft aber die Kirche den Lebensweg jener Menschen, in denen wir das Wirken der Gnade Gottes begreifen und dankbar verehren sollen.

Das letzte und alles entscheidende Urteil spricht Gott, der allwissend, gerecht und barmherzig ist. Dann zählt nicht mehr die Meinung der Menschen, das Missverständnis der Umwelt, das mühsam erworbene Image oder das Vorurteil der Neider und Missgünstigen. Gott kennt jeden Menschen so genau, als ob er der einzige Mensch auf dieser Welt wäre. Ein indonesischer Bischof, Vitalis hieß er mit Vornamen, sagte einmal anlässlich einer Pilgerreise nach Kanada zu unserer Reisegruppe: „Pater Leopold kennt ja alle Einwohner des Himmels." Dies war natürlich maßlos übertrieben. Tatsächlich aber wurde ich schon oft gefragt, wie viele Heilige es gäbe. Dies weiß freilich nur Gott. Die Kirche feiert sie gemeinsam am 1. November. Je näher man aber einen Heiligen oder Seligen kennt, umso größer wird auch die innere Beziehung und vielleicht der Wunsch entstehen, eine lebendige Beziehung zum einen oder anderen aufzubauen. Außer der heiligen Gottesmutter Maria, die praktisch alle Heiligen verehrten und liebten, hatten viele Heilige selbst noch einen Lieblingsheiligen.

Der besonders im Priesterjahr im Mittelpunkt der Aufmerksamkeit stehende Pfarrer von Ars liebte in besonderer Weise die heilige Philomena, ein 15-jähriges Mädchen, das unter Kaiser Diokletian den Märtyrertod starb. Der heilige König Eduard der Bekenner verehrte in besonderer Weise den heiligen Apostel Johannes und pflegte niemandem eine Bitte abzuschlagen, der an ihn im Namen dieses Apostels eine Bitte richtete. Der deutsche Kaiser Heinrich II. der Heilige verehrte in besonderer Weise die heilige Äbtissin Erentrudis vom Nonnberg in Salzburg, von der er stets eine Reliquie, eingearbeitet in einen Ring, bei sich hatte. Von der heiligen Theresia von Avila ist bekannt, dass sie dem heiligen Josef besonderes Vertrauen schenkte. Man könnte noch viele Beispiele anführen.

Manches wird in den nun folgenden Briefen an einige dieser Himmelsbewohner noch zur Sprache kommen. Wenn tatsächlich der eine oder andere Leser diese Anregung aufgreifen würde und dem Namenspatron, Vereinspatron, Ortspatron, Landes- oder Bistumspatron oder auch dem Schutzengel wieder mehr Beachtung schenken würde, dann wäre auch irgendwie der Zweck dieses Büchleins erfüllt. Ich würde es mir wünschen.

P. Leopold Proksch

Lamprechtshausen, am 15. November 2009,
Fest des heiligen Leopold

Vom Christkind:

Jesus, Du Sohn des lebendigen Gottes und der Jungfrau Maria, aus Liebe zu uns hast Du alle Schwächen und Niedrigkeiten der menschlichen Natur angenommen. Mit kindlichen Herzen verehren wir alle Geheimnisse Deiner heiligen Kindheit. Gib uns auch die Gnade, dass wir uns hier auf Erden der kostbaren Früchte und Verdienste dieser heiligen Kindheit erfreuen, gib uns Reinheit, Demut, Geduld, kindlichen Sinn, über alles aber eine unbesiegbare Liebe Gottes und lass uns dereinst dort oben mit allen Deinen treuen Dienern mit Dir leben und regieren von Ewigkeit zu Ewigkeit. Amen.

Dieses holzgeschnitzte Jesuskind trägt der römisch-katholische Patriarch vor der Mitternachtsmette in die St.-Katharinen-Kirche in Bethlehem (unmittelbar neben der Geburtskirche). Kaiser Franz Josef I., der auch den Titel König von Jerusalem führte, ließ diese Kirche für die Katholiken des Heiligen Landes erbauen.

Liebes Christkind!

Alljährlich im Advent bereiten wir uns in besonderer Weise auf die Feier Deines Geburtstages vor. Die Welt erstrahlt in diesen Wochen in unzähligen Lichtern, vor allem in den Städten. Selbst solche, die sich längst dem christlichen Glauben entfremdet haben, können sich vielfach dem Zauber dieser Zeit kaum entziehen. Die Kirche muss freilich vieles davon als Kitsch ansehen. Die zahlreichen Christkindlmärkte vermischen Szenen Deines Kommens in diese Welt mit Märchendarstellungen vom Schneewittchen, Rotkäppchen, Hänsel und Gretel und anderen.

Eigentlich brauchen wir uns darüber nicht zu wundern. Die Botschaft von Deiner Menschwerdung ist tatsächlich so unerhört, dass sie wie ein Märchen klingt, obgleich es keines ist, sondern pure Wahrheit. Früher haben Kinder gerne – ob sie das heute auch noch tun, weiß ich nicht – einen Bittbrief an Dich geschrieben, in dem sie so manche Herzenswünsche aufs Papier brachten.

Eigentlich ist es ja paradox, von einem Kind Geschenke zu erwarten. Ein Kind ist ganz auf die Hilfe von erwachsenen Menschen angewiesen. Aber Du bist eben doch kein gewöhnliches Menschenkind. Immerhin wird von Dir in der Mitternachtsmette, dem sogenannten Engelamt, ausgesagt, dass auf Deinen Schultern die Weltherrschaft ruht und du der starke Gott bist. Also bist Du trotz der Armut im Stall zu Bethlehem unermesslich reich.

Die Armut auf Erden war demnach frei gewählt. Wie sollen wir das verstehen? Ich erinnere mich, einmal meine Mutter gefragt zu haben: „Warum bekommen Kinder, die nicht zur Kirche gehen, mehr vom Christkind als wir, die wir jeden Sonntag zur Kirche gehen?" Es gab ja damals am Wolfgangsee, wo wir zu Hause waren, schon so manche Neureiche. Ihre Kinder protzten uns gegenüber mit ihren Geschenken, die sie vom Christkind erhalten hatten, wie elektrischer Eisenbahn, Puppenküchen etc. Da konnten unsere Eltern natürlich nicht mithalten. Ich weiß nicht mehr, was die Mutter mir damals geantwortet hat. Aber sie war wohl genötigt, mich „aufzuklären" über den Sinn und die Herkunft der Weihnachtsgeschenke. Aber das weiß ich, liebes Jesuskind, dass ich fortan Deinen Geburtstag nicht weniger freudig erwartet habe als vorher, als ich noch dachte und urteilte wie ein Kind. Ja, ich kann behaupten, dass ich mich fortan noch mehr auf das Weihnachtsfest gefreut habe als vorher.

Was hat Dich, lieber Gott, überhaupt veranlasst, ein Kind zu werden? Wir können nur Vermutungen anstellen. Sicher wolltest Du uns in allem gleich werden, außer der Sünde. Zum wirklichen Menschsein gehören auch die Jahre der Kindheit. „Wenn ihr nicht werdet wie die Kinder, könnt ihr nicht in das Himmelreich eingehen", wirst Du später Deinen Aposteln und damit uns allen sagen. Das wolltest Du uns nicht nur lehrmäßig sagen, sondern vorbildhaft vorleben. Du hast auch versprochen, dass diejenigen, die ein Kind in Deinem Namen aufnehmen, Dich selbst aufnehmen und damit auch denjenigen, der Dich gesandt hat, also den himmlischen Vater. So wolltest Du selbst Deiner leiblichen Mutter und Deinem Pflegevater die Gelegenheit geben, Dich liebevoll aufzunehmen, was die heilige Gottesmutter Maria und der heilige Josef auch wirklich taten. Aber auch den vielen Familien auf der weiten Welt sollten sie dadurch Zeichen und Vorbild werden. Wie aktuell doch für unsere Zeit, in der immer häufiger von Familientragödien berichtet wird! Schließlich wolltest Du doch vor allem, dass Dir die Menschen mit Zutrauen und Liebe begegnen. Hättest Du den strahlenden Leib Adams oder gleich Deinen Auferstehungsleib angenommen, wie hätten wir Menschen Dir dann zutraulich nahen können?

Da hat der heilige Bernhard wirklich recht, wenn er sagt: „Groß ist unser Gott und überaus preiswürdig, klein ist er (als Kind!) und überaus liebenswürdig." Indem Du ein Kind wurdest, bietest Du uns das „Du" an, so hat es unser gegenwärtiger Papst Benedikt XVI. (damals noch Kardinal) einmal in einer Weihnachtspredigt formuliert.

Ein Kind beklagte sich bei einem Erwachsenen: „Wir haben Verstecken gespielt und mein Freund hat mich nicht gesucht." Dabei rollten Tränen über sein Gesicht. Genau das hast Du, lieber Sohn Gottes, getan und tust es jedes Jahr aufs Neue. Du versteckst Dein Gottsein in der Gestalt eines Kindes. Doch leider haben die Menschen vielfach aufgehört, Dich zu suchen, ja oft helfen sie auf ihre Weise sogar noch kräftig mit, Dich im Weihnachtsrummel zu verstecken. Das haben die frommen Hirten und die Heiligen Drei Könige nicht getan. „Wir sind gekommen, um anzubeten." Diese Worte der heiligen Magier waren das Motto des Weltjugendtages im Jahre 2005 in Köln. Eine lange, beschwerliche und sicher auch oft gefährliche Reise haben sie auf sich genommen, um Dich zu suchen. Aber übergroß war die Freude, als sie Dich fanden. Auf vielen Bildern, so auch im Dom zu Köln, ist dargestellt, wie Du Deine Kindeshand erhebst, um sie zu segnen.

Um diesen Segen, liebes Christkind, möchte ich Dich auch für uns alle bitten. Dein

P. Leopold Broll

Von Maria Königin: Fest 22. August

Gott, du hast die Mutter deines Sohnes auch uns zur Mutter gegeben. Wir ehren sie als unsere Königin und vertrauen auf ihre Fürsprache. Lass uns im himmlischen Reich an der Herrlichkeit deiner Kinder teilhaben. Darum bitten wir durch Jesus Christus, deinen Sohn, unseren Herrn und Gott, der mit dir lebt und herrscht von Ewigkeit zu Ewigkeit. Amen.

Gnadenbild U. L. Frau vom heiligen Rosenkranz in Neu-Pompeji. Das Bild wurde vom seligen Bartolo Longo aufgefunden.

Glorwürdige Königin!

So wirst Du, liebe Gottesmutter Maria, in einem der bekanntesten Marienlieder bei uns in Lamprechtshausen, aber auch an unzähligen anderen Orten angesprochen bzw. besungen. Insgesamt 13-mal reden wir Dich in der Lauretanischen Litanei als Königin an, aber ebenso oft auch als Mutter. Im Laufe der Jahrhunderte haben die Menschen eben mehr und mehr gespürt: „Du bist einfach Spitze!" Du hast es ja irgendwie vorausgesagt, dass dies so kommen wird; nachdem Dich Deine Tante Elisabeth wegen Deines vorbildlichen Glaubens seliggepriesen hat, hast Du ausgerufen: „Von nun an werden mich selig preisen alle Geschlechter."

Diese prophetischen Worte haben sich in vielfacher Weise erfüllt und erfüllen sich immer wieder an unzähligen Orten unserer Welt, vor allem an den großen Dir geweihten Marienwallfahrtsorten. Viele von ihnen konnte ich selbst im Laufe meines Lebens besuchen. Bevor Du freilich zu solch hohen Ehren kamst, musstest auch Du mühsam den Weg des Glaubens gehen. Wohl kaum einem Menschen ist der Glaube so schwer gemacht worden wie gerade Dir. Niemand hat so sehr die Widersprüche zwischen Glaube und Wirklichkeit erlebt und erlitten wie Du.

Als Dein Kind das Licht der Welt erblickte, lag es in einem Viehstall, weil für Euch kein Platz in der Herberge war. In einem Futtertrog musstest Du Deinen Sohn betten, musstest ihn in Windeln wickeln und pflegen, wie jedes Kind genährt und gepflegt werden muss. Und das soll der sein, von dem Dir der Engel verkündet hat: „Er wird groß sein und der Sohn des Allerhöchsten genannt werden." Dann kam die Zeit, in der Ihr vor dem grausamen König Herodes nach Ägypten fliehen musstet. Das Kind auf Deinem Arm bräuchte doch nur ein Wort sagen und alle

Feinde müssten auseinanderstieben. Es geschieht aber nichts. Im Schweiße des Angesichtes übt er später zunächst noch mit dem Pflegevater Josef und dann wohl noch eine Zeit lang allein das Zimmermannhandwerk aus. Hätte er es nicht einfacher haben und Steine einfach zu Brot machen können? Widerspricht sein Verhalten nicht den Worten des Boten Gottes: „Gott wird ihm den Thron seines Vaters David geben und seines Reiches wird kein Ende sein." Als Dein Sohn dann die öffentliche Lehrtätigkeit begann, wurde er zunächst umjubelt und Menschen bescheinigten ihm auch, dass er alles super macht. Den Tauben gibt er das Gehör, den Stummen die Sprache usw. Eine Frau hat damals auch einmal begeistert ausgerufen: „Selig der Leib, der dich getragen, selig die Brust, die dich genährt hat!"

Aber bald bekommt er auch die Feindseligkeiten zu spüren. Sogar in Eurer Heimatstadt Nazareth wollte man ihn einmal lynchen, als er ihren Unglauben tadelte. Heute steht dort eine Kapelle „Maria von der Angst". Du wurdest auch nicht irre im Glauben, als Dein Sohn vor dem Tribunal des heidnischen Statthalters stand und die Worte des schreienden Volkes hören musste: „Wir haben ein Gesetz und nach diesem Gesetz muss er sterben." Du glaubtest auch an ihn, als Du ihn unter Qualen am Kreuz hängen sahst und aus unzähligen Wunden die Blutbächlein auf die Erde rannen. Du glaubtest, obwohl das alles in krassem Widerspruch stand zu den Worten, die Dir der Erzengel bei der Verkündigung sagte. Wie schwer mag es gewesen sein, in diesem ausgestoßenen, gekreuzigten, verhöhnten, verlassenen, wie ein Verbrecher Verurteilten und Sterbenden den Sohn Gottes, den Erlöser, den allmächtigen Schöpfer des Himmels und der Erde zu sehen und an ihn zu glauben? Elisabeth hatte wirklich recht, als sie an Dir vor allem den Glauben bewunderte. Du hattest geglaubt gegen alle Erfahrung und ließest Dich nicht irreführen vom Schein der Welt.

Jetzt bist Du Königin. Ist es denkbar, dass Du als Königin noch einen Blick hast für uns arme Kinder Evas? Ja, das hast Du! Ich erinnere mich noch gut an eine Predigt eines Kapuzinerpaters in der Kirche St. Wolfgang im Salzkammergut, wo ich ja einige Jahre Ministrant war. Er erklärte uns das Werk eines wirklich gottbegnadeten Künstlers, nämlich den Altar von Michael Pacher. Im unteren Teil sieht man, wie Du den Vertretern der Heiden, den heiligen Drei Königen, das Jesuskind zeigst, im oberen Teil, wie Du mit Johannes unter dem Kreuze stehst und die schwersten Stunden Deines Lebens erleidest. Der Mittelteil, der am meisten in den Blick fällt, stellt dar, wie Dich Dein Sohn zur Königin des Himmels krönt. Dein Blick aber richtet sich teilnahmsvoll auf uns Menschen, die wir noch im Tal der Tränen leben und noch den Weg des Glaubens zu gehen haben. Einmal soll dort auch unsere ewige Heimat sein.

Es wird zwar oft gesagt, auch in Lamprechtshausen habe ich dies schon mehrmals gehört: „Es ist noch niemand zurückgekommen." Aber dies entspricht einfach nicht der Wahrheit. Dein Sohn ist zurückgekommen zu seinen Jüngern, nicht nur einmal, sondern mehrmals. Sonst hätte sich das Christentum trotz härtester Verfolgungen im Römischen Weltreich nicht so rasch ausgebreitet. Auch Du selbst bist zurückgekommen und ebenfalls mehrmals, zum Beispiel in Lourdes, in Fatima, in Paris, in Guadalupe in Mexiko und an anderen Orten, erschienen, um die Menschen daran zu erinnern, wo es langgeht.

Unser ganzes irdisches Leben lang stehen wir immer an einem Scheideweg. Gott achtet zwar die Freiheit des Menschen. Aber es ist für den Menschen keineswegs belanglos, wie er sich entscheidet. Der Mensch ist nicht Gott. Sonst könnte uns die Freiheit nicht mehr zum Verhängnis werden. So aber können wir unser Leben verfehlen. Wir können uns statt für das Gute auch für das

Böse entscheiden und dadurch verunglücken. Wie verschieden die Menschen sich entscheiden können, aber durch das Gebet anderer Menschen wieder auf die rechte Bahn gebracht werden, habe ich einmal anlässlich einer Pilgerfahrt nach Loreto in Italien, die ich selbst als Priester begleiten durfte, aus dem Munde einer Teilnehmerin erfahren.

Es geschah in der Schlacht bei Stalingrad. Einer ihrer Verwandten wurde durch den Einschlag einer Granate zur Seite geschleudert. Unter dem Eindruck dieses Geschehens sagte er sich: Wenn Gott so etwas zulässt, will ich nichts mehr von ihm wissen und sagte sich von Gott los. Seinen Kameraden schleuderte es auf die andere Seite. Dieser sagte sich: Jetzt habe ich aber wirklich den Segen von oben zu spüren bekommen, dass ich mit dem Leben davongekommen bin. Er entschloss sich, Priester zu werden, und wurde es auch. Nach Jahren luden die Verwandten dessen, der sich von Gott losgesagt hatte, diesen ein, mit ihnen eine Wallfahrt nach Mariazell, dem wohl bedeutendsten Marienwallfahrtsort Österreichs, zu machen. Nach einigem Zögern willigte er ein. Da es dort gerade eine Beichtgelegenheit gab, forderten sie ihn auf, doch davon Gebrauch zu machen. Auch dazu war er schließlich bereit. Er blieb ungewöhnlich lange drinnen; als er herauskam, merkten sie ihm an, dass er drinnen ein Erlebnis hatte. Er war nämlich dort seinem Kriegskameraden begegnet, der Priester geworden war. Das Leben schreibt mitunter merkwürdige Geschichten, die zum Nachdenken anregen und vor allem auch der Stärkung im Glauben dienen sollen.

Du, liebe Muttergottes, hast Dich mit allen Konsequenzen dafür entschieden, am Plane Gottes bei der Erlösung der Menschen mitzuwirken. Noch muss die Menschheit in vielfacher Weise die Folgen des Ungehorsams gegen Gott tragen. Umso inniger aber wollen wir beten: „Nach diesem Elend zeige uns Jesus, die gebenedeite Frucht Deines Leibes!" Viele werden zwar dieses irdische Leben durchaus nicht elendig fühlen. Dennoch bleiben hier viele Wünsche offen, die nicht erfüllt werden können. Bis dahin, also bis zum glorreichen Wiederkommen Deines Sohnes auf diese Erde, werden wir Dich und dürfen wir Dich immer bitten: „Maria mit dem Kinde lieb uns allen Deinen Segen gib!"

Darum bittet Dich auch im Namen vieler Menschen Dein

P. Leopold Broll

Von den hl. Schutzengeln: Fest 2. Oktober

Gott, in deiner Vorsehung sorgst du für alles, was du geschaffen hast. Sende uns deine heiligen Engel zu Hilfe, dass sie uns behüten auf allen unseren Wegen, und gib uns in der Gemeinschaft mit ihnen deine ewige Freude. Darum bitten wir durch Jesus Christus ...

Engel des Trostes von Roswitha Bitterlich-Wingen

Mein lieber heiliger Schutzengel!

Zu den Himmelsbewohnern, an die ich mich bei diesen Briefen wende, gehörst natürlich auch Du. Eigentlich hast Du ja einen Zweitwohnsitz. Einerseits schaust Du, wie Jesus ausdrücklich gesagt hat, ständig das Angesicht Gottes, bist also im Himmel. Andererseits begleitest Du mich auf dieser Erde vom ersten Augenblick meiner Existenz im Mutterschoß. Gottes Allmacht macht dies möglich. Nach Gott kennst Du mich also am längsten. Du weißt von mir, noch ehe die Mutter eine Ahnung von mir hatte. Gottes Güte hat Dich mir an die Seite gestellt.

Das Gebet zu Dir gehörte bei mir daheim während meiner Kindheit zu den Pflichtgebeten. Sicher habe ich es nicht jeden Tag verrichtet, aber doch so, dass einem Freund von mir, als wir einmal in einem Heustadel übernachteten, mein deutlich längeres Abendgebet, zu dem auch das Gebet zum Schutzengel gehörte, auffiel. Heute bete ich jedenfalls ziemlich regelmäßig zu Dir, meistens in stillen Nachtstunden in der Kirche. Menschlich gesprochen hattest Du sicher bei mir mehr als einmal beide Hände voll zu tun, um mir in heiklen Situationen Deinen Schutz zu gewähren. Abenteuerlustig, wie ich war, geriet ich mehr als einmal in akute Lebensgefahr. Einmal, es war genau 19 Jahre vor meiner Priesterweihe, wurde ich, bereits bewusstlos, aus einem Tümpel des Zinkenbaches gezogen. In voller Kleidung, mit einem schweren Stein in den Händen, um einen festen Tritt zu haben, wollte ich den Tümpel durchwaten. Ich wollte einfach nicht feige sein. Der Stein ist mir entglitten und ich zappelte um mein Leben, bis zufällig gerade Hans Mayer – ein Nachbarbub, der schwimmen konnte, daher kam und mich an den Haaren aus dem Wasser zog. Ich sagte damals zur Mutter: „Das hätte ich mir nicht gedacht, dass das Ertrinken so furchtbar ist." Er kommt praktisch einem

Erstickungstod gleich. Einige Zeit später hat mich ausgerechnet die Mutter meines Lebensretters auf einem Hochspannungsmast, ich war bereits über den Drähten, entdeckt. Ihr wurden die Knie weich, als sie mich erblickte. Nur eine Drohung, es meiner Mutter zu sagen, wenn ich nicht herunterkomme, hat mich veranlasst, ihrer Aufforderung Folge zu leisten.

Einmal hat mich eine Kuh, die ich am Glockenstrang führte, zu Boden getreten. Sie war nicht bösartig. Ein Auto jedoch, das gerade daherkam (Autos waren damals noch eine Rarität!), versetzte sie in Panik, sodass ich unter ihren Fuß geriet. Der Arzt, es war Dr. Othmar Mantinger, der mich untersuchte, sagte nachher mit Verwunderung zu meinen Eltern: „Nur einige Zentimeter daneben und er wäre nicht mehr zu retten gewesen!" Wie selbstverständlich bin ich im Winter auch immer über den zugefrorenen See gegangen, selbst dann noch, wenn bereits Tauwetter eingesetzt hatte und Wasserlöcher sichtbar wurden. Selbst, wenn ich hätte schwimmen können, hätte mir dies nichts genutzt. Ich kannte einfach die Gefahren nicht. Meiner Mutter vor allem bereitete ich große Ängste. Es ist mehr als einmal jemand im Eis eingebrochen und dabei auch ertrunken. Mit Schaudern denke ich auch noch mitunter zurück, wenn ich spät nachts, nur mit einer Taschenlampe ausgerüstet, mit dem Fahrrad von Lamprechtshausen nach Michaelbeuern fuhr und mich dabei die schweren Laster mit Anhänger überholten. Es geschehen in unserer Zeit mit dem Fahrrad zahlreiche tödliche Unfälle.

„Dienende Geister seid Ihr, Du und all die vielen anderen Schutzengel, bestimmt zum Dienste derer, die das Heil erben sollen. Der Mensch ist nicht allein!"

Der Mensch ist beeinflusst von guten und bösen geistigen Mächten, wie es zum Beispiel Goethe noch sehr intensiv geahnt und ausgedrückt hat. Wir haben wirklich allen Grund, zu Euch

Schutzengeln zu beten. Gott selbst mahnt die Israeliten während ihres Durchzugs durch die Wüste, Euch nicht zu missachten, weil Seine Autorität hinter Euch steht (vgl Ex. 23,21). Der heilige Johannes Bosco versichert uns: „Der Wunsch unseres Schutzengels, uns zu helfen, ist weit größer als jener, den wir haben, uns von ihm helfen zu lassen." Eure wichtigste Aufgabe ist freilich nicht der Schutz vor irdischen Gefahren, sondern Euer Beistand, damit wir das uns von Gott gesetzte Ziel in der ewigen Seligkeit erreichen. Auf künstlerische Weise hat diese Tatsache in einem herrlichen Bild der selige Malermönch Fra Angelico dargestellt. Es zeigt einen Menschen, der nach seinem Tod zum ersten Mal seinen Schutzengel umarmt, mit dem zusammen er nun Gottes Angesicht schauen darf.

Erst in der Ewigkeit werde ich tatsächlich so richtig erkennen, was Du mir im Leben gewesen bist. Bis dahin aber möchte ich mit Überzeugung beten: „Engel Gottes, mein Beschützer, des höchsten Vatergüte hat mich Dir anvertraut. Erleuchte, beschirme, lenke und führe mich! Segne mich aber auch und alle, die mir irgendwie nahestehen!"

Darum bittet Dich Dein

r. Leopold Kroll

Vom heiligen Propheten Mose: Fest 4. September
Allmächtiger, ewiger Gott, du hast dir Mose erwählt, um Israel aus der Knechtschaft Ägyptens zu befreien und deinem Volk am Sinai dein Gesetz zu verkünden. Präge unseren Herzen das Gesetz deiner Liebe ein und lass uns auf deine hilfreiche Nähe vertrauen. Darum bitten wir durch Jesus Christus, deinen Sohn ...

Fenster in der dem hl. Propheten Mose geweihten Kirche auf dem Berg Nebo.

Lieber, hochangesehener, heiliger Mose!

Am 4. September gedenkt die lateinische Kirche im Vorderen Orient Deiner und feiert diesen Tag als einen gebotenen Gedenktag. Ungefähr um die gleiche Zeit werden hierzulande die Erntedankfeste gefeiert. Dabei werden oft Deine Worte verkündet, die Du selbst an das Volk Israel gerichtet hast, kurz vor dessen Einzug in das Gelobte Land. Du sagtest damals: „Wenn dich der Herr in ein prächtiges Land führt, ein Land mit Bächen, Quellen und Grundwasser, das im Tal und am Berg hervorquillt, ein Land mit Weizen und Gerste, mit Weinstock, Feigenbaum und Granatbaum, ein Land mit Ölbaum und Honig, ein Land, in dem du nicht armselig dein Brot essen musst, in dem es dir an nichts fehlt, ein Land, dessen Steine aus Erz sind, aus dessen Bergen du Erz gewinnst; wenn du dort isst und satt wirst und den Herrn, deinen Gott, für das prächtige Land, das er dir gegeben hat, preist, dann nimm dich in Acht und vergiss den Herrn, deinen Gott, nicht, missachte nicht seine Gebote, Rechtsvorschriften und Gesetze, auf die ich dich heute verpflichte! Und wenn du gegessen hast und satt geworden bist und prächtige Häuser gebaut hast und sie bewohnst, wenn deine Rinder, Schafe und Ziegen sich vermehren und Silber und Gold sich bei dir häuft und dein gesamter Besitz sich vermehrt, dann nimm dich in Acht, dass dein Herz nicht hochmütig wird und du den Herrn, deinen Gott, nicht vergisst, …" Und weiters: „…denk nicht bei dir: Ich habe mir diesen Reichtum aus eigener Kraft und mit eigener Hand erworben. Denk vielmehr an den Herrn, deinen Gott: Er war es, der dir die Kraft gab, Reichtum zu erwerben …"

Vieles, was über dieses Land ausgesagt ist, passt ganz besonders auch für unsere österreichische Heimat und ist daher überaus aktuell. Diese Deine Worte gelten daher garantiert auch uns heutigen Menschen. Wir Menschen sollen die Wohltaten Gottes nicht vergessen. Wie sieht es aber tatsächlich heute in dieser Hinsicht aus? Oft konnte man in den vergangenen Jahren Menschen sagen hören: Das Wetter spielt verrückt. In einigen Ländern gibt es seit Jahren keinen Regen, sie stöhnen unter großer Dürre und Waldbränden, in anderen Ländern gibt es dafür verheerende Überschwemmungen. Auch in Österreich werden Unwetterschäden immer häufiger. Allenthalben spricht man noch vom Wettergott. Wer ist damit gemeint? Denken die Menschen wirklich noch an den, von dem es in einem Psalm heißt: „Er lässt es blitzen und regnen, aus seinen Kammern holt er den Sturmwind hervor." Wem ist heutzutage noch bewusst, dass sich Gott einen Tag in der Woche vorbehalten hat, wer denkt noch an ein Tischgebet?

Die Verpflichtungen gegenüber Gott sind heute nicht weniger ernst zu nehmen, sondern aufgrund der Menschwerdung des Sohnes Gottes auf dieser Erde noch gewichtiger. Wenn es nach dem Willen des Pharao von Ägypten gegangen wäre, hättest Du gar nicht groß werden dürfen, sondern im Nil ersäuft werden müssen, wie dies damals wohl vielen hebräischen Knäblein passiert ist. Da Du aber ein so herziges, prächtiges Büblein warst, brachten es Deine Eltern einfach nicht übers Herz, dem Befehl des Pharao zu entsprechen, und haben Dich zunächst versteckt. Aber Deine Stimme wurde immer lauter und dadurch die Not Deiner Mutter immer größer, sodass sie schließlich keinen anderen Ausweg mehr wusste, als Dich in einem wasserdichten Korb im Nil auszusetzen, im Vertrauen, dass Gott Dich behüten möge. Ausgerechnet die Tochter des grausamen Pharao hat Dich beim Baden entdeckt, empfand Mitleid mit Dir und hat für Dein Überleben gesorgt. So wurdest Du, nachdem Du entwöhnt warst, am Hof des Pharao erzogen. Deine Mutter und Deine wirkliche Herkunft hast Du dennoch nie vergessen.

Nachdem Du im Alter von etwa 40 Jahren nach einer Gewalttat an einem brutalen ägyptischen Aufseher fliehen musstest, wurdest Du Schafhirte. Ausgerechnet in einem Alter, in dem andere Menschen längst in Pension sind, nämlich 80-jährig, bekamst Du durch eine Begegnung mit Gott bei einem brennenden Dornbusch die Aufgabe Deines Lebens, nämlich das Volk der Israeliten aus der Sklaverei Ägyptens herauszuführen. Gott ist Dir und Deinem Bruder Aaron mit vielen Wundern und Zeichen beigestanden. Leicht war diese Aufgabe wahrlich nicht! Mehr als einmal wollten Dich Deine eigenen Leute lynchen, wenn es nichts zu essen und zu trinken oder sonstige Schwierigkeiten gab. Schließlich glaubtest Du, nun wird auch Gott die Nase voll haben und mit seiner Geduld am Ende sein. Dem war aber nicht so. Ausgerechnet Du musstest es dann büßen, weil Du damals unbedachte Worte gesprochen hast. Mir hast Du schon als Kind leid getan, dass Du die Krönung Deines Lebenswerkes nicht erleben durftest. Bald darauf bist Du auf dem Berg Nebo gestorben, nachdem Du noch einen Blick in das Gelobte Land tun durftest. Jetzt setzte ein großes Weinen um Dich ein, das 30 Tage lang dauerte. Nun wurde den Leuten bewusst, was sie Dir zu verdanken hatten.

Gott hatte schließlich dennoch eine überaschende Auszeichnung für Dich vorgesehen. Noch ehe die anderen Gerechten des Alten Bundes in den Himmel einziehen durften, hattest Du auf dem Berg Tabor, also in jenem Land, in das Du ca. 1300 Jahre zuvor nur hineinblicken durftest, zusammen mit dem Propheten Elija ein vertrautes Gespräch mit dem verklärten Jesus Christus. Der himmlische Vater hatte Euch als den profiliertesten Persönlichkeiten des Alten Testamentes eine große Aufgabe zugedacht. Ihr solltet das Ansehen Jesu Christi gegenüber seinen besonders bevorzugten Aposteln Petrus, Jakobus d. Ä. und Johannes stärken. Der himmlische Vater hat dieses Euer Zeugnis dann noch kräftig unterstrichen mit den Worten: „Dies ist mein geliebter Sohn, auf ihn sollt ihr hören!" Auf dem Höhepunkt Deines irdischen Lebens hast Du, lieber Mose, selbst die Gebote Gottes, auf Stein geschrieben, erhalten. Sie können nie mehr gelöscht werden, solange diese Erdenzeit dauern wird. Du willst sie sicher auch uns heutigen Menschen ans Herz legen. Es steht ungeheuer viel für jeden Menschen auf dem Spiel für die ganze Ewigkeit.

Unvergesslich bleibt mir selbst die Besteigung dieses Berges am Aschermittwoch des Jahres 1986. In ca. 3750 Stufen führt der steile Weg vom Katharinenkloster hinauf zum Gipfel. Es war mir möglich, oben die hl. Messe zu feiern. Auch einige Grazer gesellten sich dort zu uns und freuten sich, an einer für die ganze Welt so bedeutsamen Stätte, die hl. Messe mitfeiern zu dürfen. Kaum hatte ich das Schlussgebet verrichtet, brach auch sehr schnell die Nacht herein. Wohl nie habe ich einen so überwältigenden Sternenhimmel gesehen wie beim Abstieg vom Berge Sinai. Unwillkürlich konnte man dabei an die Worte Gottes an Abraham denken: „Zähle die Sterne, wenn du sie zählen kannst!" Ein Mädchen aus Freiburg im Breisgau führte mich an der Hand. Taschenlampen hatte der ägyptische Führer aus Sicherheitsgründen nicht erlaubt. Unten angekommen, erhielten wir Schlafsäcke, in die wir in voller Kleidung hineinschlüpften. Denn die Nächte sind in der Wüste empfindlich kalt.

Wir Männer waren alle unter einem großen Zelt untergebracht, ebenso die Frauen in einem gemeinsamen Zelt. Dabei passierte es einer 70-jährigen Frau, es war Paula Vettermann aus Seewalchen, dass sie sich in der Nacht in das Männerzelt verirrte. Da meine Schlafstätte gerade am Rand war, war sie im Begriff, sich zu mir zu legen. Als ich sie fragte, was sie wolle, rief sie erschrocken aus: O Gott, o Gott! Mit einem solchen Titel wurde ich sonst nie angesprochen. Eine solche Anrede geht selbst über die Anrede des Papstes hinaus. Dennoch wird Gott dies verziehen haben, da sie ja nicht mit dem Anspruch gemeint war, wie sie etwa die römischen Cäsaren für sich erhoben haben, die sich ausdrücklich Herr und Gott nennen ließen, wie etwa der Kaiser Domitian.

So bleibt mir, lieber Mose, zuletzt nur eine Bitte an Dich. Wie Du wiederholt für die Israeliten bei Gott Fürbitte eingelegt hast und sicher auch gesegnet hast, so tu dies bitte auch in unserer Zeit.

Darum bittet Dich in inständiger Weise Dein

r. Leopold Broll

Vom heiligen Josef: Fest 19. März

Allmächtiger Gott, du hast Jesus, unseren Heiland, und seine Mutter Maria, der treuen Sorge des heiligen Josef anvertraut. Höre auf seine Fürsprache und hilf deiner Kirche, die Geheimnisse der Erlösung treu zu verwalten, bis das Werk des Heiles vollendet ist. Darum bitten wir durch Jesus Christus …

Die Heilige Familie in einer Darstellung aus Taiwan (an P. Leopold gesandt von Erzbischof Joseph Ti-Kang). Wenn die Hl. Familie auf dieser Welt nicht viel zu lachen hatte, so erlebte sie wohl doch Momente, in denen man dem Ernst des Lebens auch heitere Seiten abgewinnen konnte.

Königliche Hoheit!

So müsste man Dich eigentlich anreden, heiliger Josef. Auch der Engel hat Dich respektvoll „Sohn Davids" angesprochen, was ja ungefähr das Gleiche bedeutet. Aber da wir alle Personen, die jenseits dieser Welt leben, sogar den himmlischen Vater und damit auch Deinen geliebten Pflegesohn Jesus mit dem vertrauten „Du" anreden dürfen, so auch Dich, lieber heiliger Josef.

Nie hättest Du Dir freilich gedacht, dass der erste Monat des Jahres im Besonderen Dir geweiht werden würde. Das Jahr begann ja früher mit dem Monat März. Noch heute erinnern daran die Monate von September bis Dezember, also der 7. - 10. Monat. Der Monat März war dem Kriegsgott Mars geweiht, da mit diesem Monat wieder die Kriege begannen, die in den Wintermonaten ausgesetzt hatten. Mit Kriegslust hattest Du freilich nichts am Hut. Als gläubiger, frommer Israelit wusstest Du sicher von den Prophezeiungen des Jesaja: Eine Jungfrau wird ein Kind zur Welt bringen, durch das Gott selbst mit uns sein würde (Jes 7,14). Waffen werden in der messianischen Zeit in friedliche, bäuerliche Werkzeuge umgeschmiedet (Vgl.Jes.2,4) weiters an anderer Stelle: „Jeder Stiefel, der dröhnend daherstampft, jeder Mantel, der mit Blut befleckt ist, wird verbrannt, wird ein Fraß des Feuers. Denn uns ist ein Kind geboren, ein Sohn ist uns geschenkt, die Herrschaft ruht auf seinen Schultern. Man nennt ihn Wunderbarer Ratgeber, starker Gott, Vater in Ewigkeit, Fürst des Friedens. Seine Herrschaft ist groß und der Friede hat kein Ende" (Jes 9,2-6).

Dass gerade Du, ein verarmter Nachkomme aus dem Geschlechte Davids, in dieses Heilsgeschehen hineingenommen werden würdest, daran hättest Du in Deiner Demut wohl nie gedacht. Der große Maler Raffael Santi hat in einem seiner berühmten Gemälde die Szene dargestellt, wie gerade Du mit der reinsten Jungfrau der künftigen Gottesmutter Maria angetraut wirst, während ein anderer Freier resigniert den dürr gebliebenen Stecken über dem Knie zerbricht, weil eben Dein Stab zu blühen begann. Freilich waren mit Deiner besonderen Erwählung, Bräutigam der Gottesmutter Maria zu sein und damit dem himmlischen Vater als gesetzlicher Vater gegenüber seinem geliebten Sohn zu vertreten, auch erhebliche Sorgen verbunden. Wir denken da zum Beispiel an Deine enttäuschende Herbergssuche in Bethlehem, als Du für Deine geliebten, Deiner Sorge anvertrauten Menschen nur einen Viehstall auftreiben konntest und schließlich wegen eines blutrünstigen Gewaltherrschers Hals über Kopf mit Frau und Kind nach Ägypten fliehen musstest, einem Land, das ja eigentlich Deinem Volk feindlich gesinnt war.

Immer hast Du wie selbstverständlich getan, was Dir aufgetragen wurde. Große Pein hat Dir sicher die Suche nach dem verlorenen Jesusknaben verursacht. Man spürt dies aus den Worten der Mutter Jesu, in denen sie respektvoll zuerst Dich erwähnte: „Kind, warum hast du uns das angetan? Dein Vater und ich haben dich mit Angst gesucht!" Gott konnte Euch offensichtlich diesen Schmerz nicht ersparen. Für alle Zeit sollte deutlich gemacht werden, wer Jesus, der Dir anvertraut wurde, eigentlich ist. Dann wird es still um Dich. Das eine dürfen wir aber mit Sicherheit annehmen, dass Du in der für alle Menschen entscheidensten Stunde des Lebens, in der Todesstunde, die heiligsten Personen an Deinem Sterbelager hattest, Jesus und Maria.

Vom Papst, dem Stellvertreter Jesu, und dem gläubigen Volk wurden Dir wegen Deiner herausragenden Stellung zahlreiche Patronate anvertraut, so die Sorge um die Gesamtkirche, die Familien, die Arbeiter und vor allem auch der Beistand in der Todesstunde, die für uns alle entscheidend ist für die ganze Ewigkeit.

Viele Menschen halten heutzutage einen raschen, plötzlichen Tod für einen schönen Tod. Ein wahrhaft schöner Tod ist aber in Wirklichkeit, gut vorbereitet durch die heiligen Sakramente der Kirche, den Weg in das jenseitige Leben antreten zu können. Meiner Mutter, die Dich besonders verehrte und liebte, war dies auch ein besonderes Anliegen, Personen in der Nachbarschaft, die sterbenskrank waren, auf den Besuch des Priesters vorzubereiten. Sie hatte es tatsächlich mitunter fertiggebracht, dass sie in Zuversicht, ja geradezu in freudiger Erwartung sich anschickten, aus dieser Welt zu Gott hinüberzugehen. Heutzutage möchten so manche Kreise anstreben, dass auch Laien die Krankensalbung spenden dürfen, was aber dogmatisch nicht möglich ist, wie das Konzil von Trient ausdrücklich feststellte. Vielmehr sollten sie im Sinne echter katholischer Aktion sterbenskranke Menschen auf den Besuch des Priesters vorbereiten. Diese werden dafür froh und dankbar sein. Gerade dafür möchte ich Dich um Deine fürbittende Macht bitten, damit Menschen nicht völlig unvorbereitet den Weg in die Ewigkeit zur Rechenschaft vor Gott antreten müssen.

Früher war Dein Festtag, der 19. März, ein allgemeiner Festtag. Noch jetzt zählt ihn der Katechismus zu den gebotenen Feiertagen. Bei uns in Österreich ist mit Rücksicht auf die Wirtschaft davon dispensiert. Als ich noch in die Schule ging und noch lange danach war der 19. März in Salzburg allgemein schulfrei. Mehr als über den schulfreien Tag freute ich mich über die Tatsache, dass mein Namenspatron (mit dem Taufnamen heiße ich ja Josef) so geehrt wird, dass sogar schulfrei ist. Als ich einmal wegen Krankheit an Deinem Festtag nicht zur Kirche gehen konnte, weinte ich.

Was der ägyptische Pharao einst dem Volke sagte, als dieses ihn in großer Not um Hilfe anflehte, nämlich: „Gehet zu Josef!", das wird im Hinblick auf Deine noch ungleich höhere Würde jetzt den Menschen allgemein ans Herz gelegt: Gehet zu Josef, nämlich zu Dir, heiliger Josef. Diese Worte stehen unter vielen Statuen und Bildern, die Dich mit dem göttlichen Kind zeigen. Erinnert sei hier an die aufsehenerregende Rettung am 13. Oktober 2010 von 33 Bergleuten, die in der Atacama Region in Chile 69 Tage in 600 m Tiefe ausharren mussten. Ihr Schicksal hat die ganze Welt bewegt. Da die Mine ja Deinen Namen, also „San José" trägt, kann man sich dies sicher nicht anderes vorstellen, als dass in diesen bangen Monaten viele der Aufforderung folgten: „Gehet zu Josef!" Dieser Ruf verhallte nicht ins Leere. Jede einzelne Rettung durch die Rettungskapsel „Phönix 2", an der auch drei Österreicher beteiligt waren, hat ungeheuren Jubel ausgelöst und vielleicht auch das Vertrauen auf Deine Fürbittmacht bei Gott neu gestärkt.

„Gehet zu Josef!" – Diese Worte habe ich gelesen in Montreal in Kanada, wo Dir der heilige Bruder Andreas Bessette, einer Deiner größten Verehrer, das größte Dir geweihte Heiligtum der Welt errichten ließ. Man nennt dieses Oratorium wegen der großen Zahl der Besucher auch das kanadische Lourdes. Die Worte „Gehet zu Josef" stehen auch in der St. Josefskapelle der Stiftskirche in Michaelbeuern über Deinem Haupt. Auch in Lamprechtshausen haben wir einen schönen, Dir geweihten Altar, der Dich mit dem göttlichen Kind zeigt. In einem früher öfters gesungenen Lied heißt es: „…trag auch mich auf deinen Armen, darauf das Gotteskind geruht!"

Ja, tu das wirklich, lieber heiliger Josef, und segne die Menschen, vor allem Deine Verehrer!

Darum bittet Dich von Herzen Dein

P. Leopold (Josef)

Vom heiligen Johannes den Täufer: Fest 24. Juni

Gott, du hast den heiligen Johannes den Täufer berufen, das Volk des Alten Bundes, Christus, seinem Erlöser entgegenzuführen. Schenke deiner Kirche die Freude im Heiligen Geist und führe alle, die an dich glauben, auf dem Weg des Heiles und des Friedens. Darum bitten wir durch Jesus Christus ...

Taufe Jesu, Gemälde von Michael Pacher in St. Wolfgang im Salzkammergut.

Lieber, sehr verehrungswürdiger heiliger Johannes der Täufer!

Obgleich Deine liturgischen Feste beide im Sommer gefeiert werden, Dein Geburtsfest auf den Beginn (24. Juni) und Dein Märtyrertod in den Spätsommer fällt (29. August), gehörst Du neben der heiligen Gottesmutter Maria und dem heiligen Josef sowie dem Propheten Jesaja zu den bedeutendsten Persönlichkeiten des Advents und giltst allgemein als WEGBEREITER DES HERRN. Diese Deine Aufgabe hat der Erzengel Gabriel Deinem Vater, dem jüdischen Priester Zacharias, angekündigt, der es nicht fassen konnte, obgleich er in jungen Jahren sicher viel und oft um ein Kind gebetet hatte und deshalb zunächst einen Denkzettel bekam, weil er, obgleich aus Engelsmund gehört, nicht glauben konnte. Diese Strafe war für Deinen Vater dennoch leichter zu ertragen, weil er dadurch ein Zeichen bekommen hatte, dass nun sein Herzenswunsch, Vater zu werden, dennoch in Erfüllung gehen und seine Stummheit befristet sein werde.

Kinder sind eine Gabe des Herrn. Die Frucht des Leibes ist sein Geschenk. Diese Worte aus dem Psalm 127 waren den Menschen damals wohl noch mehr bewusst als heutzutage. In unserer Zeit werden Kinder im Mutterschoß oft gleichsam als Geschwür angesehen und auch als solches behandelt und beseitigt. Was wird wohl Gott dazu sagen, wenn man auf solche Weise mit seinen Geschenken umgeht? Du selbst machtest im Schoße Deiner Mutter Elisabeth einen Freudensprung, als Eure Verwandte Maria, die erst wenige Tage zuvor in ihrem Leibe das Jesuskind empfangen hatte, zu Euch auf Besuch kam und damit die gebenedeite Frucht ihres Leibes für etwa drei Monate in Euer Haus brachte. Ein besonderer Festtag war daher Deine Beschneidung acht Tage später, mit der auch Deine Namensgebung verbunden war. So wie es der Engel ausdrücklich im Namen Gottes angekündigt hatte, erhieltest Du den Namen Johannes, was so viel heißt wie „Gott ist gnädig". Dabei erhielt auch Dein Vater Zacharias wieder die Sprache und nützte sie sogleich zu einem sehr schönen Lobgesang, dem Benedictus.

In seinem Lobgesang sammeln und spiegeln sich die Weissagungen des Alten Bundes wie in einem Brennspiegel. Erlösung für das Volk Gottes, Retter aus dem Stamm des David, Vollender des Bundes mit Gott. Das alles ist wie eine gebündelte Botschaft. Auch Deine eigene künftige Rolle als Wegbereiter des Erlösers hat er dabei angekündigt. Die Dein Kinderbett umstanden, haben sich staunend gefragt: „Was wird wohl aus diesem Kind werden?" Solche und ähnliche Fragen beschäftigen die Erwachsenen wohl fast immer, wenn sie in ein Kinderbett hineinschauen. Welchen Weg ein Mensch auch immer beschreitet, seine eigene wichtigste Aufgabe bleibt, dass er Zeugnis gibt, dass Gottes Licht in diese Welt gekommen ist. Gott will sich der Menschen bedienen. Also beruft er sich Menschen, die ihm in der Welt die Wege bereiten sollen. So steht von Anfang an Dein Leben unter dem Zeichen der Berufung und Erwählung. Gott hat Großes mit jedem Menschen vor. Er plant ihn ein in das Handeln auf dieser Welt. Darin besteht nun Deine besondere Größe, dass Du Dich, ähnlich wie sich Eure Verwandte, die heilige Gottesmutter Maria, auf Gott eingelassen hat, seinem Plan zur Verfügung gestellt und ihn nicht enttäuscht hast. Du hast diese Sendung angenommen, auch wenn sie Dich alle Bequemlichkeit des Lebens und zuletzt den Kopf kosten sollte. Da Dich Gott brauchte, stelltest Du Dich ihm mit allen Konsequenzen zur Verfügung. Gott hat mit jedem Menschen einen besonderen Plan. Wir sind keine Zufallserscheinung, sondern von Gott gewollt und berufen und für eine Aufgabe bestimmt, die nur wir erfüllen können. Gott hat für sein Schaffen und Wirken immer seine besonderen Gründe und Pläne. Er hat uns geschaffen, damit wir in seiner Welt Zeugen und Denkmäler seiner Macht und Liebe seien. Er hat auch uns berufen, dass wir so wie Du, Johannes, Zeugnis geben, dass Gottes Licht in die Welt gekommen ist und dass dieses Licht unser Leben erleuchten und sinnvoll machen kann, welchen zivilen Beruf der Mensch in der Welt auch immer ausüben mag.

Johann Finsterhölzl meint, dass es einmal eine der Freuden unserer Ewigkeit sein wird, zu erkennen, wie sinnvoll unser Leben war, auch wenn dadurch nur einmal Gott ehrlich gelobt und geliebt wurde oder ein einziger Mensch durch uns etwas von der Güte Gottes geahnt hat. Der heilige Johannes Bosco hat sich in ähnlicher Weise ausgedrückt. Für einen jeden von uns gilt demnach: Es war ein Mensch von Gott gesandt. Wir sollten erschrecken beim Gedanken, dass unser gottgeschenktes Leben dem Auftrag und der Sendung Gottes untreu werden könnte, dass es also seinen eigentlichen, von Gott gesetzten Sinn verfehlen könnte. Du, Johannes bist genau das geworden, was Du nach Gottes Plan werden solltest, nämlich Zeuge für das Licht zu sein, das in die Welt gekommen ist. Gott hat Dir ein großes, aber kein leichtes und bequemes Leben verheißen. Dein Weg führte in die Wüste, dann in den Lebenskampf für Gott und zuletzt ins Martyrium.

Die Boten Gottes dürfen keinem Schilfrohr gleichen, das vom Wind hin und her bewegt wird, sondern einem Baum, der dem Wind der Tagesmeinungen und dem Zeitgeist standhält. Der Auftrag Gottes bringt Dich in Gegensatz zu den Menschen. Deine Bußpredigt klang Deinen Zeitgenossen wohl hart in den Ohren. Du fragtest nicht, ob Du mit Deiner Botschaft ankommen wirst, sondern kündest das Gericht Gottes mit unerbittlicher Klarheit und verschweigst auch nicht das „unauslöschliche Feuer", einen Ausdruck, den später auch Jesus einige Male gebrauchen wird.

Wie aktuell doch für unsere Zeit, da die sogenannten vier Letzten Dinge fast völlig verschwiegen und verdrängt werden. Unsere Mutter hat uns oft von der Predigt eines Volksmissionars in St. Wolfgang erzählt, der als anschauliches Beispiel brachte: „Stellt euch vor, alle 1000 Jahre kommt ein Vöglein und wetzt ein Steinchen vom Schafberg weg. Wenn der Schafberg abgetragen ist, hat die Ewigkeit so viel wie gar nicht begonnen." Ein Gedanke, den man gar nicht ernst genug erwägen kann. Wir können die Botschaft Christi der Sprache und der Denkart, aber nicht dem Geschmack und der Laune oder gar den Verkehrtheiten unserer Zeit anpassen. Was in der Heiligen Schrift schärfstens verboten wird, will man heutzutage nicht selten als Menschenrecht deklarieren. Man denke nur an Abtreibung und praktizierte Homosexualität und könnte noch so manch anderes Beispiel anführen. Wir Priester und alle, die irgendwie mit der Verkündigung beauftragt sind, können dabei Akzente und Prioritäten setzen, aber nicht nach dem Maßstab: Was wollen die heutigen Menschen hören, sondern nach dem Maßstab: Was tut in der heutigen Zeit besonders not, um die Botschaft Gottes leben und verwirklichen zu können?

Christus kam, um uns die Liebe des Vaters zu verkünden, aber er hat dabei nicht verschwiegen, dass diese Liebe zum Gericht wird, wenn sie ohne Antwort bleibt. Das Evangelium Christi will nicht einschläfern und beruhigen, sondern unruhig machen. Da hat sicher der heilige Bernhard von Clairvaux, vielleicht der größte Prediger des 12. Jhs. (man spricht vom bernhardinischen Zeitalter!), recht: „Wer vom Reich Gottes hört, muss unruhig werden."

Du, Johannes, hast zur Umkehr gerufen, wie wenig später Jesus selbst. Du hast in die Wüste gerufen. So mancher Prediger wird sich heute in einer ähnlichen Situation fühlen, das heißt sich frustriert vorkommen. Schon der Prophet Jesaja und der heilige Paulus haben geklagt: Wer glaubt denn unserer Botschaft? Dennoch darf sie nicht verschwiegen werden. Dass sie mitunter gegen alle Erwartungen nicht umsonst sein muss, werde ich in einem anderen Brief an einem Beispiel aufzeigen. Den Höhepunkt Deines Lebens hast Du erlebt, als Du Jesus im Jordan taufen durftest, wogegen Du Dich zuerst verwahrt hast. Ich müsste von dir getauft werden, sagtest Du zu Jesus. Da Jesus bei seinem Entschluss blieb, hast Du nachgegeben.

Diese Deine Bußtaufe, die Du außer Jesus noch vielen anderen Menschen gespendet hast, war zwar nicht unsere sakramentale Taufe, die ja erst Jesus eingesetzt hat, sie hat aber doch auf diese hingewiesen. Das erinnert mich doch irgendwie an meine eigene erste Taufe, die ich spenden durfte. Die „erste Taufe" war eigentlich eine Puppentaufe, zu der mich der damalige VD Josef Huber an der VS Michaelbeuern aufgefordert hat, als Übung beim Religionsunterricht. Auch wenn ein solches Tun nicht ganz unumstritten ist, habe ich es dennoch getan, als im Religionsunterricht die Taufe auf dem Programm stand. Es ging daher nicht um den gleichen Sachverhalt wie bei Genesius von Arles, der während der diokletianischen Christenverfolgung als Schauspieler die Taufe nachäffen und verspotten sollte, dann aber durch eine besondere Gnade die Erkenntnis der Wahrheit erhielt und schließlich selbst als hl. Genesius den Märtyrertod starb. Der Puppe wurde damals der Name Alexandra gegeben. Ich habe in den folgenden Jahren mit keinem Menschen darüber geredet, weil ich mich doch eher geniert habe, dass dies meine „einzige Taufe" war. Erst 4 Jahre später bin ich dann vom Ehepaar Gottfried und Rosina Heigerer aus Thalhausen, die noch ein spätgeborenes Kind erhielten, ersucht worden, ihr Kind zu taufen. Da der damalige Pfarrer P. Hartwig die Einwilligung gab, stand dem nichts im Wege. Als ich nach dem Namen des Kindes fragte, sagte die Mutter „Alexandra" beim Taufgespräch: Mein erster Gedanke war damals: Mitunter scheint auch Gott Humor zu haben. Aber erst beim anschließenden Taufmahl einige Tage später habe ich dies auch gesagt und auch erstmals von der „Puppentaufe", die Alexandra hieß, erzählt.

Aber nun zurück zu Deiner persönlichen Begegnung mit Jesus von Nazareth. Nun da derjenige da war, dem Du die Wege zu den Herzen der Menschen bereiten wolltest, warst Du selber bereit, ganz klein zu werden. Als man Deine Eifersucht anstacheln wollte, gabst Du zur Antwort: „Er muss wachsen, ich aber abnehmen." Eine Aussage von Dir beschäftigt mich seit Jahren: „Mitten unter euch ist einer, den ihr nicht kennt!"(Joh1,26). Tatsächlich hat zu dieser Zeit niemand geahnt, dass der leibhaftige Sohn Gottes als Mensch unter Menschen lebte. Nur seine Mutter Maria wusste um dieses Geheimnis, hielt sich aber bescheiden im Hintergrund. Es hätte ihr ja sowieso niemand geglaubt damals, wenn sie ihr Geheimnis preis gegeben hätte.

Aber erleben wir heutzutage nicht eine ähnliche Situation? Wer glaubt heute noch an die wirkliche Gegenwart Christi in der heiligsten Eucharistie? Der bekannte englische Konvertit Frederick William Faber (1814–1863) wurde zur Konversion bewegt, als er 1843 in der Lateranbasilika in Rom Zeuge einer zu Herzen gehenden Geste der Anbetung und des Glaubens an die wirkliche Gegenwart Christi in der Eucharistie wurde. Für einen Katholiken jener Zeit war es eine gewöhnliche und übliche Szene, für Faber jedoch war es ein für sein ganzes Leben unvergesslicher Augenblick. Er beschreibt ihn so: „Wir alle knieten uns mit dem Papst nieder. Nie habe ich ein bewegenderes Schauspiel gesehen. Die Kardinäle und Prälaten auf den Knien, die farbenfrohe Menge auf den Knien; inmitten des Glanzes der herrlichen Kirche war der betagte, in Weiß gekleidete Papst vor dem erhabenen und allerheiligsten Leib unseres Herrn demütig auf die Knie niedergeworfen: Und all dies geschah in tiefem Schweigen. Welch heiliges Schauspiel war das!" Ein ähnliches Erlebnis hatte der berühmte dänische Naturwissenschaftler und Anatomiker Niels Stensen anlässlich einer Reise nach Livorno in Italien. Er erlebte dort eine feierliche Fronleichnamsprozession. Dabei drängte sich ihm der Gedanke auf: „Entweder ist diese Hostie ein einfaches Stück Brot und diejenigen sind Narren, die ihm solche Huldigung erweisen, oder sie enthält wirklich den Leib Christi: Warum erweise ich ihm dann nicht auch die ihm entsprechende Ehre? Dieser Gedanke ließ ihn nicht mehr los. Er fand Kontakt zu zwei angesehenen katholischen Frauen und trat schließich zum katholischen Glauben über. Nach dem Theologiestudium wurde er zum Priester geweiht. Der selige Papst Innozenz XI. ernannte ihn zum Titularbischof von Tiziopolis. Der hl. Kardinalerzbischof Gregor Barbarigo erteilte ihm in Rom die Bischofsweihe. Am 23. Oktober 1988 wurde er in Rom vom Papst Johannes Paul II. seliggesprochen.

Wir Priester beten vor jeder heiligen Messe: „Unsere Hilfe ist im Namen des Herrn." Als Antwort erfolgt: „Der Himmel und Erde erschaffen hat." Damit drücken wir aus, wem wir beim folgenden Gottesdienst wieder begegnen werden, nämlich demjenigen, dem alles das Dasein zu verdanken hat, was außer Gott noch existiert. Wenn den Menschen dies mehr bewusst wäre, wären die Kirchen nicht so oft gähnend leer. Selbst wenn offiziell zur Anbetung eingeladen wird, kommen oft nur ganz wenige Menschen oder überhaupt niemand, während ein Showmaster viele Tausende in seinen Bann zu ziehen vermag. Jede Kirche, in der das Rote Licht brennt, weist auf Seine Gegenwart hin. Wenn ich das Allerheiligste Sakrament gelegentlich zu einem Kranken trage, nimmt kaum jemand davon Notiz, obgleich dies an der Kleidung erkennbar wäre, da ich Rochett und Stola dabei trage. Kaum jemand macht ein flüchtiges Kreuzzeichen, wenn ich sie dabei mit dem Leib Christi segne. Bei offiziellen eucharistischen Prozessionen, wie etwa bei der Fronleichnamsprozession, ist es nicht viel anders. So manche reden ungeniert weiter, wenn das Allerheiligste in der Monstranz vorbeigetragen wird.

Auf Madeira haben wir einmal, es war im Jahre 1974, einen Versehgang gesehen, als wir vom Flughafen in die Stadt Funchal fuhren. Der Priester, der dabei auch liturgische Kleidung trug, wurde von einem Fahnenträger, Ministranten mit Glocken, Mesner mit Laterne und auch noch anderen Menschen begleitet. Früher war es auch bei uns üblich, dass Menschen am Wegrand niederknieten und sich dann, wenn es irgendwie die Zeit erlaubte, der Prozession anschlossen. Auch der Kommunionempfang lässt mitunter die gebotene Ehrfurcht vermissen. Was der Lieblingsjünger Jesu, der Apostel Johannes, anlässlich einer Erscheinung des Auferstandenen am See Gennesareth zu Petrus sagte: „Es ist der Herr!", hat Weihbischof Athanasius Schneider, Sohn deutscher Eltern und jetzt Weihbischof von Karaganda in Kasachstan, Zentralasien, zum Thema eines kleinen Büchleins gemacht. Darin möchte er den Menschen zum Bewusstsein bringen, wem sie tatsächlich im Augenblick des Kommunionempfanges begegnen. Auch der jetzige Papst Benedikt, der bei allen seinen Pastoralbesuchen den Auftrag gibt, Kniebänke aufzustellen, wird nicht müde, immer wieder an das Geheimnis der Heiligsten Eucharistie zu erinnern. Auch als Kardinal hat er schon mehrmals mahnende Worte zur gegenwärtigen Praxis des Kommunionempfanges gesagt. So sagte er einmal: „In dem unterschiedslosen Kommunizieren steigen wir nicht mehr bis zur Größe des Kommuniongeschehens hinauf, sondern ziehen die Gabe des Herrn ins Gewöhnliche des Selbstverfügbaren, des Alltäglichen hinab." Diese Worte des damaligen Joseph Kardinal Ratzinger sind wie ein Echo der Ermahnungen der Kirchenväter in Bezug auf den Kommunionempfang, wie wir sie zum Beispiel in den folgenden Aussagen des heiligen Johannes Chrysostomus, des Lehrers der Eucharistie, formuliert finden:

„Bedenke, welche Heiligkeit du haben müsstest von dem Augenblick an, in welchem du Zeichen erhalten hast, die noch größer sind als jene, welche die Juden im Allerheiligsten erhalten hatten. In der Tat: Nicht die Cherubim empfängst du, dass sie in dir wohnen, sondern den Herrn dieser Cherubim; du hast weder die Arche noch das Manna, noch die steinernen Tafeln und nicht einmal den Stab Aarons, sondern du hast den Leib und das Blut des Herrn, den Geist anstelle des Buchstaben; du hast eine unaussprechliche Gabe. Nun also: Mit umso viel größeren Zeichen und mit umso verehrungswürdigeren Geheimnissen du geehrt worden bist, mit umso größerer Heiligkeit bist du verpflichtet, Rechenschaft abzulegen."

Du, lieber heiliger Johannes, bleibst auch heute Wegweiser und Maßstab für unseren Christusdienst. Unsere Bemühungen um eine erneuerte Kirche erweisen sich dann als echt, wenn sie im Zeichen der Bereitschaft stehen, auf Christus und seine Bedeutung für die Welt und jeden einzelnen Menschen hinzuweisen. Auf vielen mittelalterlichen Bildern bist Du zu sehen, wie Du sowie die heilige Gottesmutter Maria als letzte Fürbitter für die Menschheit vor dem göttlichen Richter knien, da Ihr die einzigen Menschen gewesen seid, die ohne Erbsünde das Erdenleben begonnen habt. Maria wurde bereits im Augenblick ihrer Empfängnis im Mutterschoß durch einen außerordentlichen Gnadenakt Gottes davor bewahrt und du vorzeitig bereits im Mutterschoß, als Maria mit dem eben erst kurz zuvor empfangenen Jesuskind in Euer Haus kam. Jesus hat Dich wohl auch deshalb den größten vom Weibe Geborenen genannt. Er hat Dich nicht aus dem Gefängnis befreit, in dem Du damals bereits gewesen bist wegen Deines Eintretens für die Heiligkeit der Ehe vor König Herodes. Die Worte Jesu an Deine Jünger hatten damals wohl etwas Provozierendes an sich, als Du fragen ließest, ob Jesus wirklich der erwartete Messias sei. „Blinde sehen, Lahme gehen, Aussätzige werden rein, Taube hören, Tote stehen auf, Armen wird die frohe Botschaft verkündet (vgl Lk 7,22). Mit anderen Worten: Allen diesen wird geholfen, nur dir nicht, obgleich du am meisten für mich getan hast. Von dir erwarte ich das Schwerste, dass du mein Sosein erträgst. Darin liegt sicher eine große Herausforderung und Aufgabe für uns alle.

Nun da Du in der Herrlichkeit des Himmels bist und zurückschauen kannst auf das Ringen auf dieser Erde, bist Du sicher bereit, uns jetzt schon mit Deiner sicher mächtigen Fürbitte beizustehen und Deinen Segen als letzter und größter der Propheten zu spenden.

Jedenfalls möchte ich Dich sehr darum bitten Dein

P. Leopold Broll

Vom heiligen Apostel Petrus: (Thronfest) 22. Februar

Allmächtiger Gott, das gläubige Bekenntnis des Apostels Petrus ist der Felsen, auf den du deine Kirche gegründet hast. Lass nicht zu, dass Verwirrung und Stürme unseren Glauben erschüttern. Darum bitten wir durch Jesus Christus …

Die von Pilgern durch Jahrhunderte sehr verehrte Statue des heiligen Apostels Petrus im Petersdom in Rom.

Hochverehrter,
lieber heiliger Apostel Petrus!

Hättest Du Dir dies jemals träumen lassen, dass das Begräbnis eines Deiner Nachfolger als Bischof von Rom einmal das größte Begräbnis aller Zeiten sein wird, dem ca. vier Millionen Menschen aus aller Welt beiwohnen werden, dem ca. 200 Staatsoberhäupter und Regierungschefs die letzte Ehre erweisen werden? Gewiss wirst Du niemals die Worte vergessen haben, die Dein geliebter Meister und ewige Sohn Gottes, Jesus Christus, zu Dir gesagt hat: „Du bist Petrus, der Fels, und auf diesen Felsen werde ich meine Kirche bauen. Die Pforten der Hölle werden sie nicht überwältigen. Dir will ich die Schlüssel des Himmelreiches geben. Was du auf Erden binden wirst, wird auch im Himmel gebunden sein, was du auf Erden lösen wirst, wird auch im Himmel gelöst sein." Am Abend vor seinem Leiden, auf dem Weg zum Ölberg sagte er noch zu Dir: „Stärke Deine Brüder!" Bald nach seiner Auferstehung fragte Dich der Herr dreimal: „Simon, Sohn des Johannes, liebst du mich?" Auf Deine Beteuerung hin, ihn wirklich zu lieben, hat er Dich nochmals als obersten Hirten ausdrücklich bestätigt mit den Worten: „Weide meine Lämmer, weide meine Schafe!" Durch viele Opfer und Leiden und schließlich durch den grausamen Tod am Kreuz hast Du wirklich bewiesen, wie sehr Du Deinen Meister liebtest.

Mit dem Liebesjünger Johannes hat Dich offenbar besonders nach der Auferstehung des Herrn eine besondere Freundschaft verbunden. Gemeinsam seid Ihr nach der Mitteilung der Frauen zum Grab Jesu geeilt und konntet Euch von der Richtigkeit der Nachricht der Frauen überzeugen. Mit Johannes zusammen hast Du bald nach der Herabkunft des Heiligen Geistes das erste große Wunder im Namen Jesu gewirkt, das großes Aufsehen erregte, Euch aber auch die Feindschaft derer einbrachte, die schon die erbitterten Gegner von Jesus waren. Nach verschiedenen Wirkungsstätten führte Dich der Weg schließlich nach Rom, der Hauptstadt des Römischen Weltreiches, wo Du vermutlich eine Zeit lang zusammen mit dem Völkerapostel Paulus die Botschaft von Jesus Christus verkündet hast. In dem eindrucksvollen Film „Quo vadis" nach dem gleichnamigen Roman von Henryk Sienkiewicz ist auch eine Szene, wie der Apostel Paulus der dort zum Gottesdienst und zur christlichen Unterweisung versammelten Christengemeinde Deinen Besuch ankündigt. „Morgen wird einer zu euch sprechen, der Jesus noch viel unmittelbarer erlebt hat." Du sprichst dabei zu den gespannt lauschenden Menschen von den großen Erlebnissen mit Jesus Christus, die Dein Leben so nachhaltig geprägt haben. Dreimal spielt der Schlaf in Deinem Leben eine besondere Rolle. Beim Seesturm auf dem See Gennesareth hat Euer Meister geschlafen. Bei Euch Aposteln hingegen war an einen Schlaf nicht zu denken. Der Schlaf von Jesus hat Euch vielmehr genervt, sodass Ihr ihn etwas unsanft geweckt habt mit den Worten: „Meister, kümmert es dich nicht, wenn wir alle zugrunde gehen?" Im Garten Gethsemani habt Ihr Apostel geschlafen, was Eurem Meister eine große Seelenpein bereitete, wenngleich er Euch durchaus guten Willen bescheinigte: Der Geist ist willig, aber das Fleisch ist schwach. Als Dich König Herodes ins Gefängnis werfen ließ, konntest Du schließlich mit Recht seelenruhig schlafen, obwohl am nächsten Tag Deine Hinrichtung vorgesehen war. Ein Engel hat Dich dann aus dem Gefängnis geführt. Du begabst Dich daraufhin, nachdem Du Deinen Freunden über Deine Rettung berichtet und mit ihnen gemeinsam Gott gedankt hattest, an einen anderen Ort. Dieser Ort wurde wohl aus Sicherheitsgründen nicht genannt. Gewiss ist aber, dass Du schließlich nach Rom gekommen bist und dort als erster Bischof der Hauptstadt des Römischen Weltreiches gewirkt hast. Über Deine Seereise ist uns im Gegensatz etwa zur Reise Deines Mitapostels Paulus nichts berichtet. Sicher habt auch Ihr dabei Stürme erlebt. Wenn auch eine Schifffahrt auf dem See Gennesareth gefährlich sein konnte, so war doch eine Schifffahrt auf dem Mittelmeer ein noch viel größeres Risiko. Wahrscheinlich hast Du von Jaffa aus, wo Du ja längere Zeit gewohnt hast und den Ruf eines großen Wundertäters hattest, diese abenteuerliche Reise angetreten.

Bei einer meiner bisherigen fünf Reisen nach Israel, es war im Februar 1990, hatten wir infolge eines Verkehrsstaus auf den Straßen unser Flugzeug versäumt, das heißt, das Gepäck wurde noch eingecheckt, aber für uns selbst war es zu spät. Wir wurden mit dem, was wir am Leibe trugen, in ein 5-Sterne-Hotel in Tel Aviv zur Übernachtung gebracht. Dort durften wir zur Information ein kurzes Telefongespräch nach Hause führen. Den Nachmittag nutzten wir zu einer Wanderung entlang des Meeres in das alte Jaffa in der Hoffnung, dort noch eine Sonntagsmesse feiern zu können. Obwohl es windstill war, krachten die Meereswogen mit lautem Getöse an das Ufer. Ob Jesus daran dachte, als er im Zusammenhang mit seiner Rede vom Weltuntergang davon sprach, dass die Völker bestürzt und ratlos sein werden über das Toben und Donnern des Meeres? Tatsächlich konnten wir in der Dir geweihten Kirche nach einer Reisegruppe aus Australien eine Sonntagsmesse feiern. Dies freute mich umso mehr, als mir dies in der Petruskirche in Tiberias nicht ermöglicht wurde. Den Rest des Tages nützten wir für eine Wanderung durch das alte Jaffa. Mit dabei war auch Johanna Hofbauer, jetzt Pfarrköchin in Fieberbrunn. Am nächsten Tag erfolgte reibungslos der Flug über Zürich nach Salzburg.

Ich möchte schließlich aber noch an ein weiteres Erlebnis auf dem See Gennesareth erinnern, das Du sicher oft und oft erzählt hast, weil es auch für Deine spätere Geschichte und die Deiner Nachfolger als Bischöfe von Rom von ganz besonderer Bedeutung wurde.

Es war nach der wunderbaren Brotvermehrung. Der Meister forderte Euch auf, mit dem Boot an das andere Ufer zu fahren, obgleich die Wetteraussichten nicht günstig waren. Er selbst stieg auf eine Anhöhe über dem See zum persönlichen Gebet. Er sah aber (es war stockdunkle Nacht!), wie ihr Euch abgemüht habt, denn ihr hattet starken Gegenwind. Daraufhin kam er zu Fuß über den See zu Euch. In der Meinung, einen Geist zu sehen, ist Euch damals ein ordentlicher Schrecken in die Glieder gefahren. Du hattest damals als Erster die Furcht überwunden und Jesus gebeten, das Gleiche tun zu dürfen, und dieser hat Dich auch dazu aufgefordert. Du stiegst aus dem Boot und anfangs ging auch alles gut. Aber dann packte Dich doch die Angst vor einem möglichen Untergang und schon reichte Dir das Wasser bis zum Hals. Aber immerhin, Du hattest den Blick auf Jesus nicht verloren. Auf Deinen Hilferuf hat er Dich sofort an der Hand gefasst und hochgezogen. Sicher hat dieses Erlebnis nicht wenig dazu beigetragen, Dein Vertrauen auf Jesus später immer neu zu stärken.

Als ich erstmals vor Jahren allein mit der Bahn nachts nach Italien fuhr, und zwar ohne Sprachkenntnisse, ich kann weder Italienisch noch Englisch, war mir doch etwas bange zumute. Bei der Sonntagsmesse, bei der ich mit deutschem Schott konzelebrieren durfte, las man gerade dieses Evangelium, wie Du zunächst mutig aus dem Boot stiegst und schließlich alles gut ausgegangen war. Ich fühlte mich tatsächlich vor der Abreise ein wenig in Deiner Situation. Tatsächlich habe ich mehrmals bei solchen Reisen nach Italien auffallende Hilfe erfahren, so zum Beispiel, als ich im Jahre 2000 das Leichentuch Christi in Turin sehen wollte. In Milano Lambrete kam ich nachts um halb zwei an. Der Regionalzug zum Bahnhof Milano centrale fuhr erst um fünf nach Sieben ab. Aber sofort war jemand zur Stelle, der sich anbot, mich mit seinem Auto nachts zum Bahnhof Milano centrale zu fahren. Auf dieser Fahrt sagte er wiederholt „citta periculoso". So viel verstand ich, dass dies „gefährliche Stadt" heißt. Es haben uns dabei tatsächlich zahlreiche Einsatzfahrzeuge mit Blaulicht und Alarmsirenen überholt. Der Hauptbahnhof war polizeilich bewacht. Der Fahrer, der wirklich den Eindruck eines „menschlichen Schutzengels" machte, sprach mit den Beamten und so durfte ich nach Vorweisen des Fahrscheines bereits in den Zug einsteigen, der pünktlich um 7 Uhr morgens mit dem Ziel nach Turin abfuhr. Mit der regulären Bahnhofsverbindung hätte ich den Zug nach Turin gar nicht erreicht. Ich habe dann auch im stehenden Zug bis zu dessen Abfahrt wunderbar geschlafen. In Turin wollte ich außer dem Leichentuch Christi noch zwei Selige suchen, darunter den seligen Francisco Faa di Bruno. Es war ausgerechnet eine Ordensschwester, die mitten in der Stadt anhielt und sich anbot, mich zum gewünschten Ziel zu fahren, und da sie selbst in diesem Haus angestellt war, erhielt ich auch ein Mittagessen. Solche Begegnungen sind wirklich mitunter sehr verblüffend und können sicher das Vertrauen auf Hilfe in heiklen Situationen stärken.

Nie vergessen konntest Du, heiliger Petrus, das wunderbare Erlebnis auf dem Berg Tabor, als Du zusammen mit dem Brüderpaar Jakobus und Johannes Euren Meister in verklärter Schönheit erlebt hast. Dieses Erlebnis war gewiss selbst im furchtbaren mamertinischen Kerker, der ein finsteres, stinkendes Loch war, wie „ein Licht, das an einem dunklen Ort leuchtet, bis der Tag anbricht und der Morgenstern aufgeht in euren Herzen". So steht es im 1. Kapitel Deines 2. Briefes in der Bibel. Aufgrund all der früheren schönen Erlebnisse mit Jesus war daher selbst dieser furchtbare Ort auszuhalten, weil Du wusstest, dass alle diese Leiden nur

Durchgangsstationen sind für diejenigen, die Jesus Christus treu ergeben bleiben.

Es war Kaiser Nero, ein ebenso korrupter wie grausamer Herrscher, der Dich zum Tod am Kreuz verurteilt hat. Als Du das Kreuz besteigen musstest und einen letzten Wunsch äußern konntest, hast Du gebeten, mit dem Kopf nach unten gekreuzigt zu werden, also nicht ganz so wie Dein verehrter Meister. Um von eigenen Missetaten abzulenken, hat Nero Dich und Deine Glaubensbrüder und Schwestern ungerechterweise der Brandstiftung bezichtigt. Nach Deinem Tod hatte man für Dich, den man für den Anführer einer neuen Sekte hielt, nur ein Armengrab übrig.

Heute erhebt sich über Deinem Grab wohl die größte, jedenfalls aber die berühmteste Kirche der Welt. Mit tiefer Einfühlungsgabe hat der Autor von „Quo vadis" Dich angesichts der Leiden Deiner Mitchristen im Circus Maximus sagen lassen: „Einst wird Rom das Zentrum der christlichen Welt sein."

In der Kapelle, die zum Andenken an Deine letzte Begegnung mit Jesus hier auf Erden auf der Via Appia errichtet wurde, hat man auch dem Autor eine Büste angebracht. Weil Dir, lieber Petrus, der Heiland die Himmelsschlüssel anvertraute, wirst Du jetzt oft für das gewünschte Wochenendwetter verantwortlich gemacht. Deine Befugnisse gehen jedoch weit darüber hinaus. Viele haben leider in den letzten Jahrzehnten hierzulande Deine Kirche verlassen und damit auch Christus den Rücken zugekehrt, für die Du und vor allem Dein geliebter Herr und Meister so viele und unsägliche Opfer gebracht habt. Verzeih Ihnen, sie wussten nicht, was sie dabei taten beziehungsweise welche schwerwiegenden Folgen eine solche Entscheidung für das jenseitige Leben haben kann. Es ist ja nicht Deine persönliche Meinung, was Du selbst und Deine Nachfolger den Menschen zu sagen haben. Ihr habt nur weitergesagt, was Euch zu sagen aufgetragen wurde.

Immerhin hat die katholische Kirche in vielen Teilen der Welt in den letzten Jahrzehnten kräftig zugelegt, vor allem dank der vielen Pastoralreisen der letzten Päpste. Schon Papst Paul VI. hat während seines Pontifikates zwischen 1963 und 1978 alle Kontinente besucht. Aufgrund seiner langen Regierungszeit ist Johannes Paul II. als „eiliger Vater" in die Kirchengeschichte eingegangen. Mittlerweile zählt die katholische Kirche weit über eine Milliarde Mitglieder. Auch der Nachfolger von Johannes Paul II., Benedikt XVI., hat gleich am Beginn seines Pontifikates so treffende Worte gefunden, wie etwa: „Die Kirche lebt, sie ist jung!" – „Wer glaubt, ist nie allein, nicht im Leben, nicht im Sterben!" Er setzt weiterhin trotz des hohen Alters die Pastoralreisen fort und hat in den wenigen Jahren seines bisherigen Pontifikates bereits alle Erdteile besucht. So bitte ich Dich, lieber heiliger Petrus, der Du nun auf ewig im Himmel bei Deinem geliebten Meister sein darfst: Segne uns und lege für uns alle Fürbitten am Throne Gottes ein!

Es grüßt Dich in aufrichtiger Verehrung Dein

r. Leopold Broll

*Vom heiligen Apostel Paulus: (Fest Pauli Bekehrung)
25. Januar*

Gott, du Heil aller Völker, du hast den Apostel Paulus auserwählt, den Heiden die frohe Botschaft zu verkünden. Gib uns, die wir das Fest seiner Bekehrung feiern, die Gnade, uns deinem Anruf zu stellen und vor der Welt deine Wahrheit zu bezeugen. Darum bitten wir durch Jesus Christus ...

Vorderseite der St.-Paulus-Basilika vor den Mauern in Rom mit der Statue des Völkerapostels.

Hochverehrter,
lieber heiliger Apostel Paulus!

Ein ganzes Jahr lang, vom Juni 2008 bis Juni 2009, konntest Du eigentlich im Himmel Namenstag feiern. Außer Gott und der Gottesmutter Maria ist bis dahin keinem Heiligen während eines Jahres eine solch weltweite Aufmerksamkeit erwiesen worden. Ein Jahr lang standest Du irgendwie im Mittelpunkt christlicher Verkündigung. Ähnlich wie Simon, der Berufsfischer, am See Gennesareth hast Du wohl zunächst nicht daran gedacht, einmal Weltgeschichte zu schreiben. So wäre es Dir nicht im Schlaf eingefallen, zum christlichen Lehrer der Völker aufzusteigen. Von Beruf Zeltmacher, aber ansonsten hochgebildet, glaubtest Du zunächst den „neuen Weg", den die Anhänger von Jesus von Nazareth vertraten und lehrten, erbittert verfolgen zu müssen.

Aber der Mensch denkt und Gott lenkt. Im Buch der Sprüche, das Dir sicher vertraut war, heißt es dazu wörtlich: „Des Menschen Herz plant sich seinen Weg, doch Gott, der Herr, lenkt seine Schritte." Für mich ist jedenfalls kürzlich ein lang gehegter Wunsch in Erfüllung gegangen. Als ich anlässlich des Dir geweihten Jahres die Stätten Deiner Bekehrung und Taufe in Damaskus, der Hauptstadt von Syrien, im Rahmen einer Pilgerreise der Pfarrei Zell am Ziller besuchen konnte. Du wurdest dort durch ein direktes Eingreifen von Jesus um 180 Grad gewendet. Als scharfer Gegner der Christen bist Du von Jerusalem losgezogen nach Damaskus, um die dortigen Anhänger Jesu zu verhaften. Als glühender Verehrer von Jesus Christus hast Du die Stadt auf abenteuerliche Weise verlassen, indem Dich die neuen christlichen Freunde in einer Nacht- und Nebelaktion in einem Korb die Stadtmauer hinuntergebracht und damit zunächst gerettet haben. Lebenslang hast Du darunter sehr gelitten, die Christen, wenn auch im guten Glauben, verfolgt zu haben. Am Ende Deines Lebens konntest Du dennoch die beruhigende Feststellung machen, dass die Gnade Gottes in Dir nicht unfruchtbar geblieben ist.

Ungeheure Mühen, Strapazen, Leiden und Todesgefahren waren die Folgen Deiner Bekehrung zum Herrn Jesus Christus. Große Seelenpein bedeutete es für Dich, dass Du Dein eigenes Volk oft nicht überzeugen konntest von der Wahrheit der christlichen Lehre. Alle denkbaren Leiden wolltest Du deshalb auf Dich nehmen, um ihnen für die Schönheit des christlichen Glaubens die Augen zu öffnen. Ihre Antworten Dir gegenüber waren Auspeitschungen, Steinigungen, Schikanen, Verleumdungen und Leiden in vielfältiger Weise. Zuletzt hat man Dich, wie auch Jesus, den Heiden ausgeliefert. Da Du keine Chance gesehen hast auf ein gerechtes Urteil in Jerusalem, hast Du Dich genötigt gesehen, von Deinem Recht als römischer Bürger Gebrauch zu machen, an den römischen Kaiser zu appellieren.

Bald darauf begann dann die abenteuerlichste Reise Deines Lebens. Vor Malta hat Euer Schiff Schiffbruch erlitten. Um eine Flucht der Gefangenen zu verhindern, plante man daraufhin, alle Gefangenen auf dem Schiff zu töten, was aber der römische Hauptmann, der Dir mehr und mehr mit Hochachtung begegnete, zu verhindern wusste. Vor einigen Jahren habe ich in Malta erfahren, dass man dort alljährlich Deinen Schiffbruch als großes Fest feiert. Dies mag sonderbar klingen, da doch ein Schiffbruch alles eher als ein frohes Ereignis darstellt. Es ist aber nicht Schadenfreude, die die Malteser veranlasst hat, ein solches Fest einzuführen Sie spüren einfach bis heute, dass dadurch für sie die Sternstunde angebrochen ist, für die sie bis in unsere Zeit Gott dem Herrn und natürlich auch Dir ihre Dankbarkeit erweisen wollen.

Über Syrakus und Ragusa bist Du schließlich nach Rom gelangt, wo Du bereits eine christliche Gemeinde vorgefunden hast, die Dir gute Dienste in der Zeit Deiner Gefangenschaft erweisen konnte. Zwei Jahre hast Du zunächst dort, bewacht von einem Soldaten, verbracht. Ob Du, wie im Römerbrief angedeutet, auch noch nach Spanien reisen konntest, bleibt für uns ungewiss. Schließlich ist einmal an einem 29. Juni, vermutlich im Jahre 67, Dein Haupt unter dem Schwert des Henkers gefallen. Für mich ist dieser Tag auch deshalb bedeutsam, weil ich an Eurem Festtag, auch der heilige Apostel Petrus hat ja an diesem Tag sein Leben im Martyrium vollendet, bewusstlos aus einem Tümpel im Zinkenbach gezogen wurde. Es war genau 19 Jahre vor meiner Priesterweihe.

Für uns alle bleibst Du durch Deine Briefe, die Dir ja vom Heiligen Geist diktiert wurden, nach Jesus der unübertroffene Lehrer aller Zeiten. Es ist natürlich schwer, den Inhalt Deiner 13 Briefe in wenigen Sätzen zusammenzufassen. Dies spürt man jedoch deutlich heraus, dass die Botschaft des Kreuzes und der Auferstehung Christi ganz besonders die Brennpunkte Deiner Verkündigung bilden. Damit steht im engen Zusammenhang auch das Schicksal der Menschen, die ebenfalls zu einem solchen Leben bestimmt sind, und in diese Erlösung soll auch der Leib einbezogen werden. Freilich wird dieses Glück dem Menschen nicht automatisch zuteil. Gerade an die Philipper, zu denen Du ein besonders herzliches Verhältnis hattest, richtest Du die Mahnung: „Wirkt euer Heil mit Furcht und Zittern!" Im Hebräerbrief, der früher auch Dir zugeschrieben wurde, stehen ähnliche ernste Worte: „Es ist dem Menschen bestimmt, ein einziges Mal zu sterben, und dann folgt das Gericht." Und weiters: „Schrecklich ist es, in die Hände des lebendigen Gottes zu fallen."

Wiederholt wurde mir schon vorgehalten, unter anderem auch in Leserbriefen, dass ich Schrifttexte aus dem Zusammenhang reiße und drehe und wende, bis sie mir passen. Mag sein, dass dies irgendwie zutrifft. Dies kann aber dennoch niemand in Abrede stellen, dass sich durch die ganze Heilige Schrift des Alten Bundes wie des Neuen Bundes wie ein roter Faden der Gedanke zieht: Du, Mensch, musst dich entscheiden, und wie du dich entscheidest, so wird einmal dein ewiges Schicksal aussehen. Damit steht nicht in Widerspruch, dass Gott unendlich barmherzig ist. Aber diese Barmherzigkeit muss der Mensch in diesem irdischen Leben suchen, sonst wird man Gott einmal als gerechten, strengen Richter erfahren. Während auf dieser Erde viele Wünsche unerfüllbar bleiben, ist für uns gläubige Menschen das ewige Leben, und zwar mit Leib und Seele, keine Utopie oder Einbildung, sondern zuversichtlicher Glaube, weil Jesus selbst versichert hat: „Ich lebe und auch ihr sollt leben!" (Joh 14,19; Offb 1,18).

Gerade deshalb sprichst Du auch die Überzeugung aus, dass die Leiden dieser Welt keinen Vergleich aushalten mit der Herrlichkeit, die an uns offenbar werden soll" (Röm 8,18). Als Kinder haben wir in der Volksschule noch den Spruch gelernt: „In den Himmel muss ich kommen, fest hab ich mir's vorgenommen. Mag es kosten, was es will, für den Himmel ist mir nichts zu viel." Besonders drastisch drückt sich auch der hl. Augustinus aus: „Hier brenne, hier schneide, nur schone meiner in der Ewigkeit!" Heute beten wir im Glaubensbekenntnis: „Ich glaube an die Auferstehung der Toten und das ewige Leben." Früher drückte man sich direkter aus: „Ich glaube an die Auferstehung des Fleisches." Geändert hat sich dadurch, was den Glaubensinhalt betrifft, nichts. Die Auferstehung des Fleisches ist ein fester Bestandteil des christlichen Glaubens. Für Dich, heiliger Paulus, ist diese Überzeugung das A und O Deiner Verkündigung. Denn wenn es nicht so wäre, wären wir die bedauernswertesten Menschen auf dieser Erde. Nicht Erlösung vom Leib, sondern Erlösung des Leibes und damit das ganzmenschliche Heil soll uns zuteilwerden, wenn wir die Prüfungen auf dieser Welt positiv bestanden haben.

Es steht tatsächlich für jeden Menschen in diesem irdischen Leben unendlich viel auf dem Spiel. Deine Briefe enden gewöhnlich mit Segenswünschen an die Adressaten. Als solche dürfen auch wir uns sehen. Daher richte ich die Bitte an Dich, den großen Seelsorger und Lehrer der Völker: Segne auch uns, heiliger Paulus!

Darum bittet Dich in aufrichtiger Verehrung und Dankbarkeit Dein

Vom heiligen Apostel und Evangelisten Johannes:
Fest 27. Dezember

Allmächtiger Gott, du hast uns durch den Evangelisten Johannes einen Zugang eröffnet zum Geheimnis deines ewigen Wortes. Lass uns mit erleuchtetem Verstand und liebenden Herzen erfassen, was er in gewaltiger Sprache verkündet hat. Darum bitten wir durch Jesus Christus ...

Jesus mit seinem Lieblingsjünger, dem Apostel und Evangelisten Johannes. Bild von Pater Thomas, Kapuziner in Villach.

Verehrter, lieber heiliger Apostel Johannes!

In der Weihnachtswoche feiern wir alljährlich auch Dein Fest. Du warst zwar kein Augenzeuge der Geburt Unseres Herrn Jesus Christus wie Maria und Josef. Sicher aber hast Du aus dem Munde Mariens später, da Du sie ja nach dem Kreuzestod Jesu auf dessen ausdrücklichen Willen hin in Deinen Haushalt aufgenommen hast, so manches erfahren. Unvergessen blieb für Dich die erste Begegnung mit Jesus. Noch im hohen Alter konntest Du genau die Stunde nennen, die Du zusammen mit Deinem Freund Andreas bei Jesus verbracht hast. Es war die zehnte Stunde, nach unserer Zeitrechnung 4.00 Uhr nachmittags.

So konntest Du Dich sicher hineindenken in ihre Situation damals in Bethlehem, die vergebliche Herbergssuche des hochheiligen Paares und die Geburt des Jesuskindes im Stall von Bethlehem und den Besuch der Hirten. Maria und Josef werden mit größerer Spannung darauf gewartet haben als später die Kinder auf den Heiligen Abend. „Wie wird es aussehen, das göttliche Kind?" Du selber hast die vergebliche Herbergssuche in knappen Worten zusammengefasst, in denen aber eine ungeheure Tragik liegt: „Er kam in sein Eigentum, aber die Seinen nahmen ihn nicht auf." Ein „Aber" schränkte diese Feststellung jedoch ein: „Allen aber, die ihn aufnahmen, gab er Macht, Kinder Gottes zu werden." Welche Auszeichnung für die Menschen darin liegen kann, werden wir auf dieser Erde nie ermessen können. In Deinem ersten Brief ringst Du förmlich nach Worten, um das Unfassbare auszudrücken, was Euch Aposteln in den wenigen Jahren des Beisammenseins mit Jesus, dem Sohn Gottes, zuteil geworden ist. Du schreibst darin unter anderem: „Was von Anfang an war, was wir gehört haben, was wir mit unseren Augen gesehen haben, das verkünden wir, das Wort des Lebens …" Das Leben ist auf dieser Erde erschienen, das heißt, derjenige, dem alle Lebewesen dieser Erde und selbst die Engel das Leben zu verdanken haben.

Gerade in Deinem Evangelium wie auch in den anderen Dir zugeschrieben Schriften des Neuen Testaments spielt der Begriff *Leben* eine große Rolle, er ist geradezu das Schlüsselwort Deiner Botschaft an uns Menschen. Tatsächlich ist die Sehnsucht nach Leben zutiefst im Denken der Menschen verwurzelt. Dies ist wirklich ein oft geäußerter Wunsch bei Begegnungen vor allem in den Tagen des Jahreswechsels oder an Geburtstagen: „Lange leben und gesund bleiben." Jeder, der mich näher kennt, weiß, dass ich darauf gerne zur Antwort gebe: „Ja, dass wir einmal ewig gesund bleiben." Die Antwort darauf ist in der Regel ein Achselzucken, skeptisches Kopfschütteln oder auch „Nein, ewig möchte ich nicht leben."

Leon Bloy sieht hingegen darin die einzige Entschuldigung für dieses Leben, das so vielfach vom Leid geprägt ist. Worte Jesu, wie „Ich bin die Auferstehung und das Leben" (Joh.11, 25) „Ich lebe und auch ihr werdet leben" (Joh 14,19), „Das Leben ist auf dieser Erde erschienen" (1 Joh 1,2) „Die Möglichkeit, in das Buch des Lebens eingeschrieben zu werden" (Offb) und viele andere, die sich in Deinen Schriften befinden, müssten uns eigentlich alle in helle Begeisterung versetzen. Stattdessen ist meist nur eine müde Reaktion zu vernehmen: „Werden ja sehen?" Wie sehr die Menschen nur auf das irdische Leben, das ja eigentlich als Beginn des ewigen Lebens von Gott gedacht ist, fixiert sind, bringt ein Geburtstagswunsch, den ich in einer Kleinschrift entdeckt habe, treffend zum Ausdruck: „Nächstens werd' ich sechzig, nach dem Himmel lechz' ich. Doch, o Gott, es hat noch Zeit, lang ist ja die Ewigkeit. Füg', o Gott, noch 10 hinzu, eh' du gibst die ew'ge Ruh, 10 zu 60 – dann ergibt sich die schöne Zahl von 70. Doch noch höher geht mein Ziel, nochmal 10 wär' nicht zu viel; denn wer 70, macht sich Hoffnung auch auf 80. Doch, es wär' nicht einzig, erreicht ich gar die 90. Schließlich wär' ich nicht verwundert, brächt' ich's gar auf 100!" Reichen 100 Jahre für die menschliche Sehnsucht?

Mit dem Apostel Petrus und deinem Bruder Jakobus gehörtest Du zu den drei bevorzugtesten Aposteln. Du aber standest ihm menschlich am nächsten. Beim letzten Abendmahl hattest Du den Platz an seiner Seite, konntest seinen Herzschlag hören und warst vermutlich der erste Erstkommunikant überhaupt. Als Einziger von den Aposteln standest Du mit der Mutter Maria unter dem Kreuz. Vielleicht ist dies auch der Grund, warum Dir ein blutiges Martyrium erspart geblieben ist. Nur eine Auspeitschung durch die Juden, die Du gemeinsam mit Petrus erlitten hast, wird in der Apostelgeschichte berichtet. Ihr habt Euch damals gefreut, für Jesus Schmach zu erleiden. Überhaupt verband Dich nach der Auferstehung Jesu offenbar eine besondere Freundschaft mit Petrus. Gemeinsam seid Ihr auf die Nachricht der frommen Frauen, die vom leeren Grab berichteten, zum Grab gelaufen. Du warst dabei, als dieser in der Vollmacht Jesu Christi ein erstes großes Wunder wirkte, die Heilung eines Lahmgeborenen, was damals nicht wenig Aufsehen in der Bevölkerung erregte, Euch aber auch den Hass derer zuzog, die schon die erbitterten Feinde von Jesus waren. Als man Euch den Mund verbieten wollte, habt Ihr dies selbstverständlich als Zumutung zurückgewiesen. „Wir können unmöglich schweigen über das, was wir gesehen und gehört haben."

Der Kaiser Domitian hat gar das Ansinnen gestellt, Du solltest ihn mit dem Titel ‚Kyrios' das heißt ‚Herr' anreden, was damals so viel wie „Herrgott" bedeutete. Dies kam für Dich aber überhaupt nicht in Frage. Dafür wollte er Dich in einem Kessel kochenden

Öls verbrühen. Für Dich war dies nur ein angenehmes Bad. In seiner Wut hat Dich der Kaiser auf die damals wohl unbewohnte Insel Patmos verbannt. Darunter hast Du bestimmt besonders gelitten, da Du keine Möglichkeit hattest, den Menschen von Deinen zahlreichen Erlebnissen mit Jesus zu berichten.

An einem Sonntag ist Dir der verklärte Christus dort erschienen, um Dich zu trösten und in eindrucksvollen Visionen das Schicksal des Reiches Gottes bis zur Endzeit zu offenbaren. Kaiser Nerva, ein gütiger Mann, der leider nur zwei Jahre regierte, hat Dir wieder erlaubt, nach Ephesus zurückzukehren. So hattest Du noch die Möglichkeit, das letzte der vier Evangelien zu schreiben sowie einige Briefe.

Als ich im März 2005 in Ephesus war, hat man uns dort auch Deine Grabstätte gezeigt. Der moslemische Führer erzählte uns, dass schon drei Tage nach Deinem Begräbnis nur mehr Deine Sandalen gefunden werden konnten. Tatsächlich fällt auf, dass Du der einzige Apostel bist, von dem uns keine Reliquien erhalten sind. Schon die Kirchenväter Ambrosius und Hieronymus haben, wie ich einmal gelesen habe, die Vermutung ausgesprochen, dass auch Du mit dem Leibe in den Himmel aufgenommen wurdest. Dies ist zwar kein Dogma, aber doch im Bereich des Möglichen. Jedenfalls ist aber Deine einstige Grabstätte in der sicher einst prächtigen Johannesbasilika in Ephesus als „Tomb of John" deutlich gekennzeichnet.

Beinahe wäre übrigens mein Besuch an Deinem Grab gescheitert, da die Anlage nur an regenfreien Tagen besichtigt werden kann. Ausgerechnet an diesem Tag, da der Besuch vorgesehen war, regnete es in Strömen. Daher sollte stattdessen ein Museum in der Stadt besichtigt werden. Als der moslemische Führer meine Enttäuschung bemerkte, sagte er, der ohnehin über die Anwesenheit eines katholischen Priesters verärgert war, etwas frotzelnd zu mir, wenn ich unbedingt zum Grab des Apostels Johannes wolle, dann solle ich eben beten, dass es zu regnen aufhöre. Ich sagte daraufhin wie aus einer plötzlichen Eingebung heraus: „Der heilige Apostel Petrus ist dafür zuständig und der war ohnehin der Freund von Johannes. Diesen werde ich bitten." Tatsächlich hörte es dann plötzlich zu regnen auf und wir konnten in Ruhe eineinhalb Stunden lang die Anlage besichtigen. Kaum waren wir wieder in unserem Kleinbus, fing es erneut an, in Strömen zu regnen.

Der moslemische Führer war übrigens von da an ungewöhnlich freundlich zu mir und hat mich wiederholt umarmt und mir geholfen, dass ich an den katholischen Stätten zelebrieren konnte. Er bat mich mehrmals, ihn nicht zu vergessen und ihn als meinen geistigen Sohn anzunehmen, und erwies mir jede nur erdenkliche Aufmerksamkeit. Es gehört dies sicher zu den schönsten Reiseerlebnissen meines Lebens.

Lieber Apostel Johannes, vergiss auch Du ihn nicht und vergiss uns alle nicht, damit wir mit erleuchtetem Verstand und liebendem Herzen erfassen, was Du uns in gewaltiger Sprache verkündet hast! Spende uns dazu auch Deinen apostolischen Segen!

Darum bittet Dich Dein

Von der heilige Luzia: Fest 13. Dezember

Herr, unser Gott, wir feiern den Gedenktag der heiligen Jungfrau und Märtyrin Luzia, die du uns als Fürsprecherin gegeben hast. Gib, dass wir nach ihrem Beispiel als Kinder des Lichtes leben und einst in der Gemeinschaft der Heiligen den Glanz deiner Herrlichkeit schauen. Darum bitten wir durch Jesus Christus …

Gemälde aus einer Kirche in Venedig: Vergeblich versucht man, mit Ochsenkraft die heilige Luzia von der Stelle zu bewegen.

Verehrtes Fräulein, liebe heilige Luzia!

Vielleicht ist schon öfters bei diversen Zusammenkünften in unserer Pfarrei gemunkelt worden, zumindest einmal habe ich davon erfahren, Pater Leopold habe sicher eine Freundin in Italien, da er einige Male im Jahr, meist zu Kurzbesuchen, dorthin reise. Ich gestehe, dass ich eine solche habe, ja sogar mehrere, und natürlich auch Freunde. Ich hoffe es zumindest, dass Du, liebe heilige Luzia, eine von ihnen bist.

In keinem anderen Land dieser Erde gibt es tatsächlich so viele Heilige wie in Italien. Als ich das erste Mal Deine Grabeskirche in Venedig besuchen wollte, stand ich leider vor einer verschlossenen Tür. Die Stätte Deines Martyriums in Syrakus auf Sizilien habe ich schon etwas früher besucht. Bei einem weiteren Versuch konnte ich schließlich neben Deinem Glasschrein sogar die heilige Messe feiern, worüber ich mich alljährlich vor allem am 13. Dezember, Deinem Gedenktag, besonders freue. Früher ist Dein Name bei jeder heiligen Messe nach der Wandlung genannt worden. Dennoch bist Du sicher auch heute nicht gänzlich in Vergessenheit geraten, da doch Dein Tag auch mit einem vielfältigen Brauchtum verbunden ist. In Schweden etwa darf Dich ein unbescholtenes Mädchen mit einem Lichterkranz von 12 Kerzen im Haar darstellen und so auf das bevorstehende Weihnachtsfest einstimmen, dem Geburtsfest Jesu Christi, der als das wahre Licht in diese Welt gekommen ist. In südlichen Ländern bist gerade Du es, die die Kinder beschenkt, was bei uns gewöhnlich der heilige Nikolaus besorgt.

Auch dieser Brauch hängt eng mit dem Weihnachtsfest zusammen, das uns ja daran erinnert, dass uns der himmlische Vater das größte Geschenk machte, indem er uns seinen Sohn sandte. Mit Deiner Mutter Eutychia bist Du nach Catania zum Grab der heiligen Agatha gepilgert. Deine Mutter fand dort Heilung von einer langwierigen Krankheit. Du aber verspürtest dort die Berufung, Dich Christus in einem jungfräulichen Leben zu weihen. Das erzürnte Deinen Freund, der bis dahin wiederholt Dein schönes Antlitz, vor allem Deine wunderbaren Augen, bewunderte. Er verklagte Dich beim Statthalter Paschasius. So nahe können auf dieser Welt Liebe und Hass beieinander sein. Der Statthalter drohte Dir mit Folter und Tod. Du hingegen hast bei Gericht ein eindrucksvolles Plädoyer für den christlichen Glauben abgelegt und erklärt, der Heilige Geist wohne in den Herzen der Reinen. Man wollte Dich dafür in ein Bordell bringen, um Deinen Starrsinn zu brechen. Aber weder die Stärke von Männern noch Ochsenkraft konnten Dich von der Stelle bewegen. Verschiedene Martern konnten Deinen Starkmut nicht mindern. Schließlich hat einer mit einem Dolch deine Kehle durchbohrt, Du konntest aber sterbend noch den Leib des Herrn empfangen. So starbst Du als eines der letzten Opfer der römischen Christenverfolgungen.

Im Windschatten unserer modernen Gesellschaft haben Jungfräulichkeit und Martyrium kaum mehr Platz. Wer versteht heutzutage einen Menschen, der sich aus innigster und tiefster Begeisterung total Gott anvertraut? Für viele Menschen braucht es heutzutage keine besondere Manneskraft oder gar Ochsenkraft, um in Partnerschaften zusammenzuleben, wie es nicht im Sinne der Kirche und schon gar nicht im Sinne Gottes ist, weil sie an die etwaigen Folgen in der Ewigkeit kaum denken. Unbekümmert gehen sie mitunter ohne vorherige Beichte sogar zur heiligen Kommunion, um bei etwaigen Anlässen nicht unangenehm aufzufallen. Der am 26. Oktober 2007 in Linz seliggesprochene Franz Jägerstätter hatte ein lediges Kind aus unserer Pfarrei

Lamprechtshausen. Später hatte er sich dazu folgendermaßen geäußert: „Für wenige Momente Wollust riskiert der Mensch zeitliches und ewiges Glück." Mit einer gültigen Beichte könnte dies wiedergutgemacht werden. Aber wie wenige nehmen dieses Angebot der Kirche beziehungsweise von Jesus Christus an? Anstatt zu einer echten Umkehr im Sinne der Kirche bereit zu sein, geht man heutzutage vielfach einen Schritt weiter in die entgegengesetzte Richtung, indem man gleichgeschlechtliche Partnerschaft als völlig normal hinstellen will und dafür auch die gleichen Rechte fordert wie für die von Gott eingesetzte Ehe. Dies ist erst recht in den Augen Gottes ein Gräuel. (Lev. 18,22).

Hierzulande erzählt man ja gerne einen Witz, der hintergründig ist und nachdenklich machen soll: Da stellt jemand einen Auswanderungsantrag. Gefragt nach dem Grund, erklärt er: Früher war Homosexualität verboten, jetzt ist sie erlaubt bevor sie vorgeschrieben wird, wandere ich lieber aus. Tatsächlich ist die Sorge, Homosexuelle nicht zu diskriminieren, vielfach größer als die Sorge um Ehe und Familien, immerhin von Gott selbst geschaffene Bindungen.

Einmal, anlässlich einer Frauenrunde, die sich bei mir im Pfarrhaus von Lamprechtshausen versammelte, habe ich einfach als Einstieg in das Gespräch das 1. Kapitel des Römerbriefes vorgelesen. Als Reaktion kam die erstaunte Frage: „Was, dies steht in der Bibel?" Es hat vor einigen Jahren sogar ein „Jahr der Bibel" gegeben. Im Juni 2009 ging das Paulusjahr zu Ende.

Von Juni 2009 – Juni 2010 wurde vom Papst ein Priesterjahr ausgerufen. Sendung und Würde des Priesters soll den Menschen von heute neu bewusst werden. Dies gilt sicher vor allem auch den Bischöfen, die ja das Vollpriestertum innehaben und denen bei der Weihehandlung auch das Evangeliar aufgelegt wird. Daran mag auch Andreas Laun, Weihbischof von Salzburg, gedacht haben, als er in einer Predigt das „Schweigen der Hirten" angesichts bedrohlicher Entwicklungen eine Standesversuchung der Bischöfe nannte. Wenn der gegenwärtige Trend in unseren Ländern anhält, indem ausgesprochen sündhafte Handlungen als „Menschenrechte" deklariert werden, ist man wirklich versucht zu sagen: „Gute Nacht, altes Europa, einstmals christliches Abendland genannt, es kann dir, sofern keine echte Umkehr erfolgt, noch Schlimmes bevorstehen."

Wenn Personen der Kirche diese moralischen Forderungen anmahnen, ernten sie entweder von vornherein Ablehnung und Spott, im besten Fall ein mitleidiges Lächeln. Mit Drohbotschaft wird abgetan, was in Wirklichkeit nur gutgemeinte Warnung ist. Aber die Sünde als das erkennen, was sie in Wirklichkeit ist, heißt, den Wurm im Apfel erkennen, selbst wenn er noch so appetitlich aussieht. Mögest Du, liebe heilige Luzia, in unserer Zeit vor allem jungen Menschen das sein, was Dein Name bedeutet: „eine Leuchtende" hin zum wahren zeitlichen und ewigen Glück. Dein Name ist daher wie ein Programm und passt ganz besonders in die Zeit des Advents. Er bringt ja zutiefst das Wesen des Christen und seine Lebensaufgabe vor Gott und der Welt zum Ausdruck. Zu keiner Zeit des Jahres sind die Nächte so sehr mit Lichtern erhellt wie in den Wochen vor Weihnachten. Auch wenn es den wenigsten Menschen bewusst ist, sollen doch diese Lichter an das Aufleuchten des göttlichen Lichtes in der Nacht dieser Welt erinnern. Jeder getaufte und gefirmte Christ ist dazu auserwählt, dort, wo ihn der Schöpfer hingestellt hat, das Licht sichtbar zu machen, es wie eine Laterne aufleuchten zu lassen.

Durch mehr als 1500 Jahre erinnert uns daher Dein Name, liebe heilige Luzia, an diese uns von Gott gegebene Aufgabe. Du selbst bist ihr beispielhaft gerecht und dadurch sicher zu einem

Segen für viele Menschen geworden. Sei es bitte auch in unserer heutigen Zeit, die oft so sehr von der Dunkelheit und Kälte der Gottvergessenheit bedroht wird!

Darum bittet Dich Dein aufrichtiger Verehrer

P. Leopold Broll

Vom heiligen Nikolaus: Fest 6. Dezember

Gott, du Spender alles Guten, hilf uns auf die Fürsprache des heiligen Nikolaus in aller Not und steh uns bei in jeder Gefahr. Gib uns ein großmütiges Herz, damit wir anderen schenken, was wir empfangen und den Weg des Heiles ungehindert gehen. Darum bitten wir durch Jesus Christus ...

Ostkirchliche Ikone des heiligen Nikolaus aus Jerusalem.

Eure Exzellenz, hochwürdigster Herr Bischof von Myra!
Lieber hl. Nikolaus!

Du gehörst sicher zu den Heiligen, dessen Namen fast jedes Kind kennt. Auch mir bist Du daher seit frühester Kindheit vertraut. Freilich sah ich Deinem Kommen wenige Wochen vor Weihnachten stets mit einigem Bangen entgegen und ich habe Dich, ehrlich gesagt, mehr gefürchtet als Deinen haarigen Begleiter, den Krampus. Immerhin wusstest Du so manches zu berichten, was für mich nicht gerade erfreulich war, und die Mutter hörte dabei zu.

Wenn ich mich auch an keine ausgesprochenen Bosheiten erinnern kann, so habe ich ihr doch durch meine Neugier und meinen Entdeckungsdrang so manche Sorgen bereitet. So bin ich auch, wenn ich auf dem Dachboden herumkramte, wiederholt die Treppe heruntergefallen und habe der Mutter so manche Schrecksekunde bereitet. Einige Male habe ich meine kleine Schwester zu einem Spaziergang entführt, zum Beispiel hinüber zur Villa des berühmten Filmschauspielers Emil Janings, wo die bunten Glaskugeln in seinem Garten mich besonders faszinierten. Seine Hunde, die wegen ihrer Bissigkeit berüchtigt waren, haben uns, die wir auf einer Bank saßen, umkreist und hätten uns wohl nicht mehr fortgelassen, wenn nicht gerade der Verwalter der Villa, weil er etwas vergessen hatte, gekommen wäre und die Hunde zurückgepfiffen hätte. Nachdem er unsere Herkunft erfahren hatte, eilte er sogleich zu meinen Eltern, um sie zu warnen und zu ermahnen, besser auf mich aufzupassen. Ein anderes Mal wurde ich ohnehin von der Mutter an den Haaren heimgezogen. Nicht alles hat wohl meine Mutter erfahren, daher fürchtete ich, dass sie aus Deinem Munde noch so manche „Schandtat" erfahren könnte.

Dein Vertreter, lieber heiliger Nikolaus, kam auch zu uns in die Schule. Was er dabei aus dem „Goldenen Buch" gelesen hat, daran kann ich mich nicht mehr erinnern. Die Lehrerin sagte aber nachher triumphierend zu uns: „Habe ich es euch nicht gesagt: Der Nikolaus kann sogar aus den Sternen lesen." Mit mir hat sie damals eine Wette geschlossen, dass ich mich nicht getraue, dem Krampus die Hand zu geben. Diese Wette hatte ich damals gewonnen. Dies hat sie auch nachher eingestanden. „Also Sepperl (mit dem Taufnamen hieß ich ja Josef), das hätte ich mir nicht gedacht, dass du dir dies getraust."

Heutzutage wird Deinen Vertretern in der sogenannten Nikolausschule gesagt, wie unangebracht ein „Goldenes Buch" sei. In unserer Zeit haben Kinder kaum mehr Angst vor dem Krampus, wie dies zahlreiche Fotos in den Zeitungen beweisen, wie auch die vielen Kinder, die sich an diesem Vorabend vor Deinem Festtag auf den Straßen herumtreiben. Aber so manche gute Ermahnung, Charakterbildung, die doch möglichst in jungen Jahren erfolgen sollte, wären gewiss nicht unangebracht. Immer häufiger kann man in den Zeitungen lesen, dass Gewalttätigkeiten selbst von Volksschülern gegenüber Lehrpersonen passieren. Da schlägt ein Schüler derart der Lehrerin ins Gesicht, dass diese einen Nasenbeinbruch erleidet, ein anderer tritt der Lehrerin mit dem Fuß auf den Bauch, dass diese ins Krankenhaus muss. Selbst in Salzburg musste sich heuer die Polizei schon mit hunderten Fällen beschäftigen.

Uns jedoch hat Dein Stellvertreter stets ermahnt, das vierte Gebot Gottes, das den Kindern Dankbarkeit, Liebe und Achtung gegenüber den Eltern und Lehrpersonen als den Stellvertretern Gottes auf Erden befiehlt, zu beachten. Was die Erziehung von uns Kindern betraf, waren die Eltern bemüht, am gleichen Strang zu ziehen. Der Vater hat unsere Mutter wie selbstverständlich mit

Mutter angesprochen und ihr mit uns zum Muttertag gratuliert. Desgleichen hat die Mutter, als der Vatertag eingeführt wurde, Wert darauf gelegt, dass wir den Vatertag nicht übersehen und unbeachtet lassen.

Wenige Wochen nach Deinem Besuch, lieber heiliger Nikolaus, hat uns der Vater gerne in die Umgebung zum Krippenschauen entführt, so wie er uns auch in die Berge mitnahm. Er war ja selbst auf einer Alm geboren worden. Das war vor allem an Sonntagen, wenn auf Bergen rund um den Wolfgangsee eine Bergmesse gefeiert wurde. Es wurde dies auch dann gerne mit einem Besuch bei einer Tante verbunden. Da geschah es einmal, dass wir bereits in Weißenbach bei Strobl im Zug waren, mit dem wir nach Hause, eben nach Zinkenbach, fahren wollten. So hieß damals noch der Ort Abersee. Amerikanische Soldaten holten uns aus dem Zug, weil der Vater offenbar keinen Ausweis hatte. Es begann ein stundenlanges Verhör bei der Haltestelle. Vergeblich hatte die Kondokteurin (Schaffnerin) noch für uns Fürbitte eingelegt. Der Vater hatte uns Buben, eben meinen Bruder Heinrich und mich, bei sich. Der Vater wurde aufgefordert, sich nach Ischl zu begeben und beim Gefängnisposten zu melden. Damals weinte der Vater. Es war wohl das einzige Mal, dass ich ihn weinen sah. Endlich nach stundenlangem Verhör, es war schon tiefe Nacht, schien einer der beiden Besatzungssoldaten weich zu werden und hat auch seinen Kameraden zum Nachgeben bewogen und wir wurden entlassen. Natürlich ist jetzt kein Zug mehr gefahren. Wir kehrten zurück in das Haus der Lichtner Tante. Der Vater lieh sich ein Leiterwagerl aus und fuhr uns dann die ca. sieben Kilometer nach Hause. Ich kann mich noch gut daran erinnern, wie wir bei der Eisenbahnbrücke ankamen, die den Zinkenbach überquerte und der Vater uns tröstete: Bald sind wir daheim. Sicher hat dieses Erlebnis doch einiges dazu beigetragen, die Beziehung zwischen dem Vater und uns Kindern zu festigen, aber auch Dein väterliches Wesen, lieber hl. Nikolaus, der Du doch als besonderer Kinderfreund in die Nachwelt eingegangen bist, besser zu verstehen. Die Mahnung, den Schutzengel nicht zu vergessen und selbstverständlich auch für die Eltern zu beten, gehörten damals wie selbstverständlich zu den Ermahnungen des heiligen Nikolaus.

Ob dies auch in der Nikolausschule von heute gelehrt wird, entzieht sich meiner Kenntnis. Mein Bruder Heinrich ist ja später selbst gerne in Deine Rolle geschlüpft und war sicher ehrlich bemüht, Dich würdig zu vertreten. Die Krampusse, wenn ihn solche begleiteten, haben seinen Befehlen, soviel ich weiß, auch gehorcht. Natürlich habe ich durch meinen Wissensdurst auch sehr viel Schönes über Dich und Deine heiligen Kollegen im Himmel erfahren. Die unglaublichsten Geschichten hat man Dir, der Du den Ruf eines großen Wundertäters hattest, zugetraut. Drei Buben, die ein Metzger bereits in einem Fass eingepökelt hatte, sollst Du wieder zum Leben erweckt haben. Drei unschuldig zum Tode verurteilte junge Männer hast Du im letzten Moment durch Dein Erscheinen vor dem Kaiser vor der Hinrichtung bewahrt. Ebenso warst Du zur Stelle, als Schiffer in großer Seenot unterzugehen drohten. Hungernden konntest Du eine Schiffsladung Getreide vermitteln und dennoch fehlte diesen beim späteren Anlegen im Zielhafen nichts von ihrer Ladung. Drei heiratsfähige junge Mädchen hast Du durch eine heimliche Aussteuer davor bewahrt, auf sündhafte Weise an Geld zu kommen. Noch viele andere Guttaten, die wirklich wunderbar waren, werden Dir zugeschrieben, die Dich als einen wahren Freund für hilfsbedürftige Menschen kennzeichnen. Du hattest in jungen Jahren noch die letzte große Christenverfolgung erlebt und hattest beim Konzil von Nizäa noch Spuren der Misshandlungen an Deinem Körper, die du für Christi Namen erlitten hattest. Das Toleranzedikt von Kaiser Konstantin dem Großen hat auch für Dich die Kerkertore geöffnet, sodass Du dann noch jahrelang segensreich wirken konntest.

Ein alter lateinischer Schriftsteller schreibt: „Wenn ich 100 Münder hätte und 100 Sprachen spräche, könnte ich nicht alle Kirchen zu seiner Ehre aufführen." Auch in unserem Dekanat sind Dir drei Kirchen sowie die Kapelle des Bildungshauses von Michaelbeuern geweiht. Sie erhielt Dein Patrozinium nach dem damals residierenden Abt Nicolaus V. Wagner. In der Umgebung meiner Heimat ist wohl die Stadtpfarrkirche von Bad Ischl die bekannteste der Dir geweihten Kirchen. Dort hat im August 1853 Kaiser Franz Josef I. mit der bayrischen Prinzessin Elisabeth aus dem Geschlecht der Wittelsbacher kirchliche Verlobung gefeiert. Als Kaiserin Sissy hat sie große Popularität erlangt, die bis heute anhält. In dieser Umgebung machte sie auch zahlreiche Wanderungen. Einmal begegnete sie dabei auch meinem Großvater Johann Schöndorfer. Er und seine Mitarbeiter hatten sie freilich nicht erkannt. Sie sahen aber, wie diese ihnen fremde Dame etwas an einen Stadel schrieb. Neugierig geworden sahen sie später nach und lasen zu ihrer Überraschung: Wir waren hier, drei Frauen und ein Bergführer, Elisabeth, Kaiserin von Österreich.

Als Deine Bischofsstadt Myra sowie ganz Kleinasien vom Islam erobert wurde, wollte man Deine Reliquien vor Entehrung schützen und man hat sie daher zur Sicherheit nach Bari in Unteritalien gebracht, wo sie sich jetzt noch befinden. In Demre, dem einstigen Myra, zeigte man uns noch den aufgebrochenen Sarkophag, der einst Deine Reliquien barg. Aber selbst im einstigen Myra ist man, wie ich selbst feststellen konnte, heute noch stolz auf Dich und hält daher Dein Andenken auch dort weiterhin in Ehren. Auf vielen Bildern wirst Du dargestellt, wie Du Deine Hand zum Segen erhebst. Tu es bitte auch heute! Auch unsere Welt und Zeit wird Deinen Segen sehr nötig haben.

Darum bittet Dich aufrichtig

Dein

Vom heiligen Benedikt: Fest 11. Juli

Allmächtiger Gott, du hast uns im heiligen Benedikt einen Meister und Lehrer geschenkt, der uns anleitet, dich zu suchen und dir zu dienen. Gib, dass wir der Liebe zu dir nichts vorziehen, sondern voll Freude und Zuversicht auf dem Weg deiner Gebote dir entgegeneilen. Darum bitten wir durch Jesus Christus ...

Der heilige Benedikt als Lehrer von Päpsten, Bischöfen, Mönchen und Nonnen.

Verehrter Ordensvater, lieber heiliger Benedikt!

Im Benediktinerorden feiern mir nach wie vor außer Deinem Hochfest am 11. Juli auch das Fest Deines seligen Heimgangs am 21. März. Deine Persönlichkeit und Dein Lebenswerk ist mir erst verhältnismäßig spät, nämlich im Alter von 15 Jahren, vertraut geworden. Es hängt dies mit einem Schulwechsel zusammen. Nach achtjähriger Volksschulzeit sollte ich in einem Gymnasium die Schule fortsetzen. Mein Schuldirektor Heinrich Bernögger von der Volksschule Zinkenbach (heute Abersee) hat mir zwar einmal, als ich mich gerade auf den Weg nach Hause begab, nachgerufen: „Gelt, Josef, wir studieren!" Diese Aussage habe ich aber nicht besonders ernst genommen. 1954 hatte ich dann eigentlich innerlich schon mit dem Schulleben abgeschlossen. Freilich wusste ich auch nicht, was ich sonst machen sollte. Am 29. Mai 1954 erreichte meine Eltern ein Brief von Pater Berthold Egelseder OSB, damals Präfekt der Sängerknabenschule Michaelbeuern.

Dem Wort „Schule" haftet mitunter tatsächlich ein unangenehmer Geruch an. Für zahllose Menschen ist sie der Schatten über ihrer Jugend und so manche werden sich an Angstzustände während der Schulzeit ihr ganzes Leben lang erinnern. Die heutigen Schulhäuser sind zwar mit allem Komfort eingerichtet, aber die Kinder betreten sie deswegen dennoch oft nicht mit besonderer Freude. Die Schulprogramme mit ihren Leistungsforderungen sind so wenig erfreulich wie früher etwa der Stock des Schulmeisters.

Was die Körpergröße betraf, habe ich mich damals kaum von Zehnjährigen unterschieden. Meine Interessen hingegen waren vielfach anderer Art. Wie es zu diesem Brief kam, habe ich in zwei anderen Briefen, die sich ebenfalls in diesem Buch befinden, mitgeteilt, nämlich im Brief an den heiligen Kaiser Heinrich II. und den heiligen Papst Pius X.

Meine Eltern waren sofort begeistert. Ich hingegen fühlte mich eher wie ein verkauftes Rindvieh, das gefragt wird, welchen Metzger es am liebsten habe. Während dieses für mich so denkwürdigen Sommers kam dann auch einmal Pater Hartwig Paradeiser mit seiner Beiwagenmaschine, die einiges Aufsehen in unserer Nachbarschaft erregte, zu uns auf Besuch. Begleitet war er vom Schuldirektor von Maxglan und meinem Schuldirektor Heinrich Bernögger. Als ich merkte, dass der Besuch hauptsächlich mir galt, kletterte ich rasch auf einen Baum, und zwar nicht, um die Besucher besser sehen zu können, sondern, damit ich nicht gesehen wurde. Ich wurde dennoch vom Baum heruntergerufen, so wie einst Jesus den Oberzöllner Zachäus aufforderte, vom Baum herunterzusteigen. Man wolle mit mir reden. Wie dieses Gespräch verlaufen ist, daran kann ich mich nicht mehr erinnern.

In den Folgejahren habe ich dann auch von „Deiner Schulgründung" erfahren, einer Schule anderer Art. Du wolltest eine Schule gründen für den Dienst des Herrn. An welche Schule Du dabei dachtest, musste ich erst allmählich lernen. In diese Schule muss übrigens jeder Mensch gehen, der Analphabet genauso wie der Universitätsprofessor, der Papst genauso wie der einfache Priester oder Ordensbruder, das Staatsoberhaupt, sei es ein König oder Präsident, oder ein einfacher Politiker genauso wie der einfache Bauer, Handwerker, Arbeiter oder Angestellte. Es gibt in dieser Schule keine Ferien. Sie dauert so lange, als eben das irdische Leben währt. Ihr Heiligen habt sie jedenfalls als Vorzugsschüler abgeschlossen.

Ich selbst hatte im Alter von 15 Jahren schon vielseitige Interessen. Mich interessierte beispielsweise Naturgeschichte, Erdkunde, Geschichte und vor allem war auch Religion eines meiner liebsten

Fächer, was es natürlich auch heute noch ist. Ich sehnte mich auch irgendwie nach dem Priesterberuf und habe den damaligen Pfarrer von St. Wolfgang, bei dem ich Ministrant war, heimlich beneidet, weil er das Allerheiligste, also Gott, berühren durfte. Nur schien mir dieses Ziel in unerreichbarer Ferne, da ich ja schon die Schüler der Hauptschule (damals Bürgerschule genannt) bewundert habe. Müssen diese gescheit sein, wenn sie in eine solche Schule gehen können!

Als 15-Jähriger hatte ich dann zunächst schon einen gewissen Altersvorteil gegenüber meinen zehnjährigen Mitschülern, der sich aber in den späteren Jahren nicht mehr so auswirkte. Doch immerhin, ich hatte die Matura schließlich geschafft und damit war auch zunächst der Weg zum Eintritt in ein Kloster Deines Ordens offen und nach dem Universitätsstudium auch der Priesterberuf möglich. Ich habe diese Entscheidung später auch nie bereut.

„Höre, mein Sohn, die Lehren des Meisters und öffne das Ohr deines Herzens!" Dies ist die erste Deiner Aufforderungen in Deiner Schulregel. Es geht Dir also nicht um das äußere Ohr. Das ist Dir zu wenig. Du schreibst vom „Ohr des Herzens" vom inwendigen Menschen. Diese Aufforderung scheint heute unzeitgemäß. Denn in der Gegenwart droht alles im Lärm unterzugehen. Nur durch eine radikale Umkehr gelangen wir zum Hören mit dem Herzen. Mit diesem Wort hast Du eine ungewöhnliche Dimension eröffnet. Worauf sollen wir denn hören? Man ist versucht, so zu fragen, und erhält von Dir gleich die Antwort: „Auf die Lehren des Meisters." Der Meister ist eindeutig Christus. Du, so wie alle Heiligen, wollen die Menschen zu Christus führen, zum Mittelpunkt allen Lebens. Damit ist gleich am Anfang schon der Einwand widerlegt, bei den Heiligen werde Menschenkult betrieben, was die Gottesverehrung vermindere. Der evangelische Heiligenbiograf Walter Nigg HB hat dies in seinen zahlreichen Heiligenbüchern als ein grobes Missverständnis bezeichnet. Er nannte die Heiligen eine Manifestation Christi, kraftvolle Zeugen Christi von unmittelbarer Wucht. Alle Heiligen kreisen um Christus und sind auserwählte Werkzeuge in seiner Hand. Dazu gehörst auch Du, heiliger Benedikt.

Ist es nur ein Zufall, dass sich der gegenwärtige Papst, vormals Josef Kardinal Ratzinger, ausgerechnet Dich als Namenspatron wählte, als er am 19. April 2005 vom Kardinalskollegium in das höchste Amt der Kirche gewählt wurde? Die Kirche feiert an diesem Tag den heiligen Papst Leo IX., vormals Bruno, einen deutschen Papst. Er war verwandt mit Kaiser Heinrich III. und wurde im Alter von 24 Jahren Bischof von Toul in Frankreich. In der weltweit verbreiteten und in mehreren Sprachen herausgegebenen Zeitschrift „30 Tage" habe ich, auch eher zufällig, gelesen, dass Du, als er noch ein Knabe war, sein krankes Ohr geheilt hast. Er hat selber danach gesagt, dass er einen Mönch auf einer Leiter heruntersteigen sah, der ihm den Eiter aus dem Ohr zog. Offensichtlich bist Du es gewesen, der ihn heilte. Du hast selbst das Leben eines Mönches in der von Dir verfassten Regel mit jener Himmelsleiter verglichen, die der Patriarch Jakob im Traume sah, als er auf der Flucht vor seinem Bruder Esau war.

Wer sich mit solchen Vorkommnissen befasst, entdeckt mitunter Zusammenhänge, die wirklich nachdenklich machen können, aber auch zum Vertrauen auf Gottes Vorsehung ermutigen. Es ist tatsächlich oft wie bei einem Zahnrad, wo ein Metallzahn in den anderen übergeht. Dir, heiliger Benedikt, war der würdige Gottesdienst ein tiefes Herzensanliegen. „Nichts soll dem Gottesdienst vorgezogen werden!" So schreibst Du in Deiner Regel. Dies erinnert doch sehr an ein Gleichnis Jesu, in dem Jesus das Mahl, das er anzubieten hat, mit einem Hochzeitsmahl vergleicht, zu dem ein König für seinen Sohn einlädt, aber völliges Desinteresse erntet (Mt. 22). In ähnlicher Weise berichtet der Evangelist Lukas von vielen Entschuldigungen, die Menschen bereit haben, um den Einladungen Gottes auszuweichen. Der eine hat sich einen Acker gekauft, den er besichtigen will, ein anderer möchte seine neuen Ochsen ausprobieren, wieder ein anderer hat gerade geheiratet (vgl Lk 14, 15 f). Da wurde der Hausherr zornig. Bedenken wir, Jesus spricht dabei vom zornigen Gott, der auch die Drohung ausspricht: Keiner von den Männern, die eingeladen waren, wird von meinem Mahle kosten!

Heutzutage lauten die Ausreden oder Entschuldigungen – oder wie immer man sie nennen will – etwas anders, sind aber kaum stichhaltiger: Am Sonntag will ich mich gehörig ausschlafen, muss ja ohnehin die ganze Woche hart arbeiten; am Samstagabend war so ein interessanter Film im Fernsehen, da muss man sich doch am Sonntag ausschlafen. Am Sonntag fährt der Bus frühzeitig ab zum Skiausflug oder zu einem Badevergnügen, da ist ein Gottesdienstbesuch nicht mehr möglich; wir hatten Besuch zuhause, da darf man doch den Besuch nicht vergrämen, wenn gerade Sonntag ist usw. Welche Antworten wird darauf einmal der göttliche Hausherr geben, wenn man ihm im Augenblick des Todes begegnen wird?

Es hat auf uns Salzburger anlässlich einer Pilgerreise nach Irland im Jahre 1984, die damals Weihbischof Jakob Mayr als seelsorglicher Leiter begleitete, keinen geringen Eindruck gemacht, als sich dort ein Hotelbesitzer bei seinen Gästen entschuldigte, dass er am Sonntagvormittag eine Zeit lang weg sein werde, weil er den Sonntagsgottesdienst besuchen möchte. Die Verpflichtung zum Gotteslob gilt sicher vornehmlich den Priestern und Mönchen, aber sie gilt auch dem heutigen Menschen in der Welt. Es ist zwar sicher auch heute so mancher zum Ordensstand oder Priesterdienst berufen. Mancher wird sich dabei „die Ohren zuhalten, um nicht zu hören". Für wen dies zutrifft, das weiß freilich nur

Gott selbst und der Betreffende, den es angeht. Die Gottsuche mit Gottesdienst und Gebet ist allen aufgetragen. Alle müssen zu betenden Menschen werden.

Selbstverständlich hat ein jeder von uns in der Welt noch andere Tätigkeiten zu verrichten. Der eine muss für seine Familie sorgen und auch seine Kraft im Berufsleben einsetzen. Ein anderer muss sich um die öffentlichen Angelegenheiten kümmern und irgendwie will jeder auch seine persönlichen Freuden pflegen. Aber die verschiedenen Verrichtungen gelingen nur dann in rechter Weise, wenn sie auch vom Gebet getragen werden. Natürlich kann das Gebet zuweilen auch Schwierigkeiten bereiten. Die Möglichkeit und Fähigkeit des Menschen zu Gebet und Gottesdienst verleihen diesen aber eine große Chance und Würde. Er hat damit unter allen Geschöpfen Gottes auf dieser Welt den Vorzug, als ein Menschlein, als Stäubchen in der Welt mit dem unendlichen Gott zu reden. Der Allmächtige ist ansprechbar, eine Überzeugung, die zu den unergründlichsten Geheimnissen unseres Daseins gehört, das nur geglaubt, aber nicht bewiesen werden kann. Es ist daher keineswegs gleichgültig, ob der Mensch betet oder nicht.

Ihr Heiligen seid durchwegs alle, ausgenommen natürlich die Unschuldigen Kinder von Bethlehem, Menschen des Gebetes gewesen. Daher wird auch immer die Aufforderung des Psalmdichters gelten: „Lobe den Herrn, meine Seele und vergiss nicht, was er dir Gutes getan hat" (Psalm 103). Es wird ihm dann auch eine Ahnung aufgehen, was mit dem Wort „Anbetung" gemeint ist. Selbst viele Katholiken wissen damit nichts mehr anzufangen. Es geht hier tatsächlich um eine innere Haltung, die dem modernen Menschen praktisch unbekannt geworden ist.

In Michaelbeuern war ich als Schüler schon begeistert von den festlichen Gottesdiensten, wie sie etwa zu Weihnachten oder an den Kartagen mit Ostern gefeiert wurden. Erstmals war es mir möglich, zu Weihnachten alle drei heiligen Messen, wie sie an Weihnachten vorgesehen sind, also auch das sogenannte Hirtenamt, mitzuerleben. Dies war daheim nicht möglich. Ich habe dies eigentlich immer bedauert. Nur das Mettenamt und das Hochamt konnte ich mit den Eltern besuchen und nachmittags eben auch noch die Krippenandacht in St. Wolfgang. Erstmals wurde in diesem Jahr, nämlich 1955, auch die Karwoche nach den von Papst Pius XII. herausgegebenen Richtlinien gefeiert.

Allmählich erfuhr ich auch, dass es einen großen Schott gibt, sozusagen für alle Tage des Jahres, in dem sich noch mehr Heiligenfeste finden. Ein Heiligenfan bin ich damals schon gewesen. Sobald ich davon wusste, habe ich mir auch vom „Christkindl" einen Schott gewünscht und auch erhalten. Sogleich suchte ich nach den Namenspatronen mir bekannter Menschen. Ich fand den heiligen Heinrich II. sowie den heiligen Anselm und natürlich auch Deinen Namen, heiliger Benedikt. Desgleichen die Namenspatronin meiner Mutter, die heilige Christina. Vergeblich aber suchte ich darin nach einem „heiligen Werigand", dem „heiligen Sieghard" oder dem „heiligen Hartwig". Ich habe auch meinen Präfekten, Pater Berthold, danach gefragt, warum diese Namen nicht darin enthalten sind. Er sagte mir dazu, dass einige Namen im Kloster Michaelbeuern lange Tradition haben, weil deren Namensträger große Bedeutung für die Klostergeschichte haben. Es handelt sich dabei um bedeutende Persönlichkeiten, die gewiss auch heiligmäßig gelebt haben, wenn sie auch nicht offiziell heiliggesprochen wurden. Während meine Schulkollegen von Sepp Bradl schwärmten und wenig später Toni Sailer anhimmelten, suchte ich die „Himmelsbewohner" im Schott und in anderen Büchern.

Weil Du gerade für unseren Erdteil Europa von so großer Bedeutung wurdest, hat Dich schon Pius XII. „Vater Europas" genannt und Paul VI. hat Dich bei der Einweihung des wiedererbauten Montecassino zum Patron Europas erklärt (Johannes Paul II. hat noch weitere fünf Patrone hinzugefügt). Noch glauben freilich die meisten europäischen Politiker auf einen Gottesbezug in einer künftigen europäischen Verfassung verzichten zu können. Die Lehre des 127. Psalms, „Wenn nicht der Herr das Haus baut, müht sich jeder umsonst, der daran baut. Wenn nicht der Herr die Stadt bewacht, wacht der Wächter umsonst", ist ihnen noch nicht oder auf jeden Fall zu wenig bewusst geworden.

Schon Dein Name, heiliger Benedikt, was ja so viel wie der Gesegnete bedeutet, verbürgt uns Segen. So segne doch auch weiterhin unseren Erdteil Europa, er braucht diesen Segen in unserer Zeit ganz besonders notwendig, segne den gegenwärtig berühmtesten Träger Deines Namens, nämlich Papst Benedikt XVI., segne Deine Klöster, segne uns alle!

Darum bittet Dich herzlich

Dein

Vom heiligen Wenzel: Fest 28. September

Gott, du König der ewigen Herrlichkeit, du hast den heiligen Märtyrer Wenzel gelehrt, das himmlische Reich höher zu schätzen als die irdische Herrschaft. Auf seine Fürsprache hin gib uns die Kraft, eher auf Erfolg und Ansehen zu verzichten, als dich zu verlieren. Darum bitten wir durch Jesus Christus ...

Glasfenster in der dem heiligen Wenzel geweihten Taufkapelle. Der Heilige backt Hostien und lässt Wein keltern für die heilige Messe. Das Bild wurde nach einer Vorlage aus einer alten Heiligenlegende, die sich im Elternhaus von P. Leopold befand, in einer Innsbrucker Glasmalerei angefertigt.

Erlauchter Fürst, lieber hl. Wenzel!

Im Jahre 2008 feierte Deine böhmische Heimat mit besonderer Feierlichkeit Deinen 1100sten Geburtstag. Daher war es mir eine besondere Freude, in diesem Deinem Jubiläumsjahr, an dem Dein Festtag, der 28. September zudem auf einen Sonntag fiel, im Prager Sankt Veitsdom den Festgottesdienst, den Kardinal Vlk zelebrierte, als Konzelebrant mitfeiern zu dürfen. Der Dom war gesteckt voll.

Menschlich gesehen hat Dein Leben in jungen Jahren ja tragisch geendet. Dein eigener Bruder hat Dich vermutlich auf Anstiften Deiner Mutter mit einigen seiner Gesinnungsgenossen vor der Kirchentür ermordet. Dein Vater Wratislav, der ein überzeugter Christ war, starb leider viel zu früh. Vor seinem Tod hat er Dich, da er den finsteren Sinn seiner Gattin Drahomira ahnte, seiner Mutter, der heiligen Ludmilla, zur Erziehung anvertraut. Drahomira hat nach dem Tode Deines Vaters ihre ganze Wut an dem noch jungen Christentum in Deiner Heimat ausgelassen. Dies bekam schließlich auch Deine geliebte Oma zu spüren. Sie wurde mit einem Schal erdrosselt.

Es gelang Dir aber, selbst die Regierung zu übernehmen, und Du hast in der Folgezeit den christlichen Glauben wieder mit allen Kräften gefördert, indem Du Kirchen erbauen ließest und Priester ins Land gerufen hast. Dazu warst Du erfüllt von einem tiefen Sinn für Gerechtigkeit, indem Du nicht geduldet hast, dass Witwen und Waisen Unrecht geschah. Und Du hast Dich sehr engagiert um das Wohl der Dir anvertrauten Menschen gekümmert. Wie eine alte Chronik bemerkt, warst Du damals schon vollkommen in der Liebe.

Im Jahre 2009 kam Papst Benedikt XVI., um die Gedenkstätten

Deines Martyriums zu besuchen und einen Appell an ganz Europa zu richten. In Deiner Heimat zählt Dein Name (tschechisch: Vaclav) auch heute noch zu den gebräuchlichsten männlichen Namen überhaupt. Der Papst hat daher das Datum auch zum Anlass genommen, dem Präsidenten der tschechischen Republik, Vaclav Klaus, dem Weihbischof Vaclav Maly, der mit der organisatorischen Leitung des Papstbesuches beauftragt war, sowie all den anderen Trägern Deines Namens zum Namenstag zu gratulieren. Er erinnerte daran, dass man Dich den „ewigen" Fürsten der Tschechen nennt. Nicht ohne Grund! Denn wer Christus aufrichtigen Herzens nachfolgt, wie Du es getan hast, dem garantiert Christus ewiges Leben, der ja gesagt hat: „Wer sein Leben um meinetwillen verliert, wird es gewinnen."

Du bist aber auch Vorbild für alle, die die Geschicke der Menschen und Völker lenken. Für viele mag in unserer Zeit ein heiliges Leben wenig aktuell und attraktiv sein, aber gerade das 20-jährige Gedenkjahr der sog. „sanften Revolution" war ein eindrucksvolles Beispiel, wie Machthaber, die auf dieser Welt fast unerreichbare Höhen erklommen haben, auf einmal ohne Macht dastanden. Wer meint, ohne Gott auskommen zu können, dessen Leben wird von Traurigkeit und Unzufriedenheit gekennzeichnet sein.

Du warst ein Fürst nach dem Herzen Gottes, der Gott durchscheinen ließ, und hattest den Mut, das himmlische Reich höher zu schätzen als irdische Herrschaft. Auch wenn Du geahnt hast, dass Dein überzeugtes christliches Leben Lebensgefahr bedeutete, hast Du Dich dennoch nicht beirren lassen, den vor Gott als richtig erkannten Weg zu gehen, den Dich Deine heilige Großmutter Ludmilla, an der Du mit besonderer Liebe hingst, gelehrt hat. Du warst wirklich ein Diener der Diener Gottes.

Dein Bruder Boleslav hat sich nach Deiner Ermordung des Prager Thrones bemächtigt. Die Krone, die seinen Nachfolgern aufs Haupt gelegt wurde, trug aber nicht seinen Namen, sondern den Deinen. Dies hat auch Papst Benedikt XVI. besonders beeindruckt. Der besiegte Unschuldige hat ähnlich wie Christus am Kreuz den grausamen Sieger besiegt und das Blut des Märtyrers hat nicht Hass und Rache hervorgerufen, sondern Vergebung und Frieden. Bemerkenswert ist aber auch ferner die Tatsache, dass vor allem die Kinder Deines Mörders überzeugte Christen wurden. Einige traten in den Benediktinerorden ein. Eine Tochter namens Dobravska heiratete den Polenfürsten Miezko und hat mit ihm die Christianisierung Polens durchgeführt und damit vielleicht sogar eine der Voraussetzungen geschaffen, dass unserer Zeit in Johannes Paul II. eine der größten Persönlichkeiten der Papstgeschichte geschenkt wurde. In der Sakristei des bedeutendsten Marienheiligtum Polens, in Tschenstochau, habe ich Deine Statue gesehen. Abermals hat sich ein viel zitiertes Wort Tertullians bewahrheitet: Das Blut der Märtyrer ist Same für neues Christentum.

Von tiefer Ehrfurcht gegenüber der heiligsten Eucharistie erfüllt, hast Du selbst nicht nur den Weizen gesät und einen Weingarten angelegt, sondern selbst die Hostien gebacken und den Wein gekeltert, beides dazu bestimmt, in der heiligen Messe Leib und Blut unseres Herrn Jesus Christus zu werden. Als Kind hat mich dieses Bild von Dir in einer alten Heiligenlegende derart beeindruckt, dass ich mir dachte: „Es muss etwas Großes sein um die heilige Messe, wenn ein Fürst selbst die Vorbereitungen dafür trifft." Als uns bald darauf die Klassenlehrerin Elisabeth Moser fragte, was wir einmal werden möchten, gab ich zur Antwort: „Pfarrer", worüber sie sich freudig überrascht zeigte. Es war im Jahr meiner Erstkommunion. Als Pfarrer von Lamprechtshausen hatte ich dann auch die Gelegenheit, Dir in meiner Pfarre eine kleine Aufmerksamkeit zu erweisen. Als nämlich geplant war, einen Teil der Sakristei zu einer Taufkapelle umzugestalten, sollte diese auch den Titel eines Heiligen erhalten. Weil gerade die Sakristei der Ort ist, wo Brot und Wein für die heilige Messe aufbewahrt werden, lag der Gedanke nahe, Dir diese Kapelle zu weihen. Dazu sollte auch ein passendes Motiv für ein Glasfenster entworfen werden. Glücklicherweise konnte mein Bruder zu Hause jene Heiligenlegende finden, in der sich jenes Bild befand, das mich als Kind so beeindruckt hat. Dieses Schwarzweiß-Bild wurde an eine Glasmalerwerkstatt in Innsbruck gesandt, die ein ansprechendes Bild in Farbe entwerfen konnte. Durch Vermittlung des damaligen Weihbischofs von Prag, Antonin Liska, dem ich bei einer Fatimafeier in Burghausen persönlich begegnen konnte, wurde uns schließlich auch eine echte Körperreliquie des heiligen Wenzel versprochen, deren Echtheit noch der berühmte Kardinal Frantischek Tomaschek mit einer besiegelten Urkunde bestätigt hat. Vom Erzbischöflichen Ordinariat Salzburg wurdest Du, auf meine Bitte hin, auch als Nebenpatron unserer Pfarre ausdrücklich anerkannt. Spontan hat sich damals Horst Kaltenegger bereit erklärt, mit mir und einem Berufskollegen nach Prag zu reisen, um dort Deine Körperreliquie persönlich abzuholen.

Nach einem Unfall, den er als Mitfahrer wenige Tage zuvor erlitten hatte, schien es zunächst aussichtslos, den vereinbarten Termin einzuhalten. Vorsichtshalber hat er sich einen Berufskollegen zur Mitreise bestellt. Die Reise nach Prag konnte dann dennoch am 20. März 1991 zeitig in der Früh losgehen. Unter Zuhilfenahme eines Schreibens von Weihbischof Liska und anderen freundlichen Ratschlägen, darunter eines burgenländischen Buslenkers, kamen wir zum erzbischöflichen Palais, das sich neben dem Amtssitz des Staatspräsidenten befindet. Vom wenige Tage zuvor erlittenen Unfall war Horst Kaltenegger nichts mehr anzumerken.

Die „Goldene Stadt Prag", auch „Stadt der 100 Türme" genannt, beeindruckte uns alle sehr. Vorher kam es zu einer Begegnung mit Weihbischof Antonin Liska, den ich, wie erwähnt, im Jahr zuvor anlässlich einer Fatima-Feier in Burghausen kennengelernt hatte. Er fragte mich nun, ob meine beiden Begleiter auch Priester seien. Als ich ihm darauf antwortete, nein, das sind Polizisten, musste er herzhaft lachen. Er hatte uns nämlich für die Nacht in einem Schülerheim untergebracht, wo bis zum Fall des „Eisernen Vorhangs" die geheime Staatspolizei gewohnt hatte. Dass es auch fromme Polizisten gibt, denen Gott und die Heiligen etwas bedeuteten, war für die tschechische Kirche jahrzehntelang ein unvorstellbarer Gedanke. Vor allem in der Tschechischen Republik wurde die Unterdrückung der Religion besonders massiv durchgeführt. Dafür sorgte vor allem auch die Geheime Staatspolizei.

Am nächsten Tag durfte ich bei Deinem Schrein in der Dir geweihten Kapelle des Veitsdomes die heilige Messe zelebrieren. Sie inspirierte Horst Kaltenegger, den langjährigen Leiter des Frauensingkreises, zu einem spontanen Lied, das er bei diesem Anlass erstmals gesungen hat: „Lass dich preisen allerorten ..." Anschließend erfolgte die Übergabe der Reliquie im Beisein der Weihbischöfe Antonin Liska und Wenzel Franz Lobkovic sowie des Diözesankonservators Matejka. Danach machten wir uns auf den Heimweg. Von freundlichen Polizisten wurden wir aus der Stadt Prag hinausgelotst und überquerten auch ohne besondere Grenzformalitäten die Staatsgrenze. Das festliche Glockengeläute bei unserer Heimkehr nach Lamprechtshausen galt natürlich Dir, lieber heiliger Wenzel. Bis zur Weihe Deiner Kapelle wurde Deine Reliquie im Pfarrhaus aufbewahrt. Am 1. September kam Weihbischof Fürst Wenzel Franz Lobkovic zur Weihe der Kapelle nach Lamprechtshausen.

Diese Feier wurde zugleich unser 1. Pfarrfest. Was die damalige

Lehrerin und jetzige Direktorin der Volksschule, OSR Charlotte Veichtlbauer, in einem Gedicht abschließend zum Ausdruck brachte, sei auch weiterhin als Bitte an Dich gerichtet: Der Segen des heiligen Königs von Böhmen möge in unsere Pfarrei strömen!

Darum möchte ich Dich, gewiss auch im Namen aller Verantwortlichen in unserer Pfarre, von Herzen bitten. Dein

P. Leopold Proll

Von den heiligen Heinrich und Kunigunde: Fest 13. Juli
Allmächtiger Gott, du hast dem heiligen Kaiser Heinrich und seiner Gemahlin Kunigunde irdische Macht anvertraut und ihr Wirken mit der ewigen Herrlichkeit belohnt. Gib auch uns die Gnade, dass wir unsere Aufgabe in dieser Welt erfüllen und Erben deines Reiches werden. Darum bitten wir durch Jesus Christus ...

Skulpturen des berühmten Bildschnitzers Meinrad Guggenbichler in der Sankt-Wolfgang-Kapelle von Sankt Wolfgang im Salzkammergut.

Eure Majestäten! Liebes hl. Kaiserpaar Heinrich und Kunigunde!

Zu den Heiligen, welche mir seit früher Kindheit vertraut sind, gehört sicher Ihr, vor allem Du, heiliger Kaiser. Zumal mehrere Personen, die auf mein Leben bestimmend einwirkten und Führer zum Priesterberuf waren, Deinen Namen trugen, darunter vor allem mein Vater und mein Volksschuldirektor und noch mehrere andere. Aber auch sonst hast Du auf meinem Weg zum geistlichen Stand keine geringe Rolle gespielt.

Die weitaus am häufigsten als Kind besuchte Kirche war Sankt Wolfgang am Wolfgangsee, geweiht Deinem heiligen Lehrer und Erzieher. Die Ministranten habe ich heimlich bewundert und auch irgendwie beneidet. Ich hielt sie alle für angehende junge Pfarrer. Dass ich selbst einmal am Altar dienen würde, hielt ich damals für ziemlich ausgeschlossen. Ein Zufall hat es schließlich gefügt, dass mich der Pfarrer von Sankt Wolfgang dringend für eine privat zelebrierte heilige Messe brauchte. Allein sollte ein Priester nicht zelebrieren. Er braucht dazu einen Vertreter des Volkes, in der Regel einen Ministranten. Die heilige Messe wurde in der Sankt-Wolfgang-Kapelle zelebriert, wo sich zwei vom berühmten Bildschnitzer Meinrad Guggenbichler geschaffene Statuen befinden, die Dich und Deine heilige Gattin Kunigunde darstellen. Den ersten Dienst am Altar habe ich damit gleichsam unter Deinen Augen und den Deiner heiligen Gattin abgeleistet. Meine Schwester Christine, die damals mit in der Kirche war, berichtete meiner Mutter daraufhin alles. Für meine Mutter gab es da nur mehr den strikten Befehl: „Du musst das Ministrieren lernen", was dann auch wirklich erfolgt ist.

Mit dem seligen Erzbischof Hartwig von Salzburg verband Dich, heiliger Heinrich, eine persönliche Freundschaft. Er nahm 1007 an der Bischofsversammlung in Frankfurt teil, wo damals das Bistum Bamberg errichtet wurde, ebenso 1020 an der Weihe des Bamberger Domes und er war schließlich auch dabei, als Du mit Deiner Gattin Kunigunde in Rom von Papst Benedikt VIII. zum Kaiser gekrönt wurdest. Im Jahre 1009 kamst du zu einem Gegenbesuch nach Salzburg, um mit Deinem bischöflichen Freund das Weihnachtsfest zu feiern.

Irgendwie scheint es doch eine eigenartige Fügung zu sein, dass ausgerechnet im Heiligen Jahr 1950 mein damaliger Schuldirektor Heinrich Bernögger mit Pater Hartwig Paradeiser vom Stift Michaelbeuern, damals Kooperator in der Stadtpfarre Salzburg-Maxglan, anlässlich einer Romreise zusammentraf, wo auch über meine zukünftige Berufung irgendwie entschieden wurde. Noch ein drittes Mal hattest Du bei mir offenbar Deine Hand im Spiel, nämlich bei der Aufnahmeprüfung für das Gymnasium, die im Borromäum erfolgt ist. Die Geschichte, die wir schriftlich nacherzählen sollten, hatte die Überschrift: „post sex". Sie schildert, wie Dir Dein früherer Lehrer, der heilige Bischof Wolfgang, in der Kirche Sankt Emmeram in Regensburg, als Du gerade an seiner Grabstätte betetest, erschienen ist und Dir in verschlüsselter Weise Deine Zukunft vorausgesagt hat. Ich kannte diese Geschichte bereits auswendig. Ich hatte sie erst kurz zuvor in einer Heiligenlegende gelesen und konnte sie dadurch geradezu wörtlich niederschreiben und hatte so als Einziger von allen Kandidaten ein „sehr gut" erhalten. Für mich war dies damals sehr wichtig und bedeutete keine geringe Ermutigung für das zukünftige Gymnasialstudium. Daher habe ich später wiederholt gerne Deine Grabstätte im Bamberger Dom besucht.

Deine Statue an der Adamspforte des Domes (heute im Museum) lässt etwas von Deinem Wesen erkennen. Es zeigt einen nachdenklich sorgenden Zug, ist aber von väterlicher Güte durchwärmt. Sorgen hattest Du als Kaiser genug: Sorge um das Reich, Sorge um die Kirche, Sorge um die Menschen. „Des Kaisers Pflug bleibt Tag und Nacht im Feld", so hat ein Dichter über Dich geurteilt. Das Königtum, das Du als ein Lehen Gottes betrachtet hast, war für Dich wie ein Priesterdienst. Tiefe Religiosität und unbeugsame zähe Realpolitik zeichneten Dein Wesen aus. Du warst ein ausgezeichneter Menschenkenner. Etwa 50 Bischöfe und Äbte hast Du eingesetzt. Kein Einziger davon hat sich als unwürdig erwiesen. Mehrere von ihnen wurden später selbst Selige und sogar Heilige. Du hattest zu ihnen ein sehr vertrauliches Verhältnis und warst der Eingeweihte des Episkopates. Dein Rat galt viel bei den Oberhirten. Du warst zwar ein Laie, aber ein theologisch gebildeter und vor allem ein gottesfürchtiger Laie. Diese Tatsache machte ihnen Dein Kirchenregiment erträglich, dessen segensreiche Folgen nicht dem System, sondern Deiner Persönlichkeit zuzuschreiben waren. Einmal konntest Du sogar eine zwiespältige Papstwahl entscheiden. Du hast Dich nicht für denjenigen entschieden, der Dir schmeichelte, sondern für den, der Dir als der würdigere erschien und der offen war für eine wahre Reform der Kirche, eben für Papst Benedikt VIII. In einem Staat, in dem der König Herr der Kirche ist, kann die Kirche sonst Schaden leiden, wenn nicht ein kluger, gerechter und frommer Herrscher auf dem Thron sitzt. In Dir hatte die deutsche Kirche sogar einen Heiligen zu ihrem Herrn.

In all Deinen Unternehmungen konntest Du Dich auf Deine geliebte Gemahlin, die ebenfalls heiliggesprochen wurde, hundertprozentig verlassen. Schmerzvoll war für Euch freilich, dass Eure Ehe kinderlos blieb. Weit davon entfernt, deswegen Gott Vorwürfe zu machen, wolltet Ihr erst recht Christus zum Erben einsetzen. Dies hast Du in der Bamberger Gründungsurkunde in schöner Weise zum Ausdruck gebracht: „Für künftigen Lohn habe ich Christus zu meinem Erben erkoren. Darum bringe ich schon seit Langem im Interesse meines Herzens dem ewigen Vater meine beste Habe zum Opfer, mich selbst."

Es war für Dich nicht leicht, in Bamberg ein Bistum zur Förderung der Slavenmission zu gründen. In dieser Situation zeigtest Du ein ungewöhnliches Verhalten, das beweist, wie sehr Dir das geplante Bistum am Herzen lag. Du konntest sonst sehr burschikos mit den Bischöfen verkehren, hast sogar unwürdige mitunter abgesetzt. Aber damals hattest Du Dich zum Erstaunen der Versammlung wie ein Schutzflehender vor ihnen zu Boden geworfen. Als der heilige Erzbischof Willigis Dich aufgehoben hatte, hieltest Du tiefbekümmert jene ergreifende Rede, von welcher später der Bischof Arnulf von Halberstadt dem störrischen Bischof von Würzburg schrieb: „Wärest Du anwesend gewesen, so hättest gewiss auch Du mit dem König Mitleid gefühlt …"

Deine Worte, die uns Thietmar von Merseburg überliefert hat, zeugen von Deiner starken Frömmigkeit und enthüllen vielleicht den tiefsten Beweggrund für Deine Gründung. Da der Würzburger Bischof weiterhin kein Nachgeben zeigte und auch alle Vermittlungsversuche der anderen Bischöfe nichts nützten, kamst Du schließlich selbst nach Würzburg, um alles in Güte zu regeln und eine Urkunde für Besitzungen auszustellen, die weitaus größer und einträglicher waren, als jener wegen der Errichtung eines neuen Bistums hergeben musste.

Es ist kaum auszudenken, aber man könnte Dein damaliges Verhalten in etwa damit vergleichen, wenn heute ein Ministerpräsident oder ein Landeshauptmann sich vor einer Bischofskonferenz niederwerfen würde, um die Durchführung eines kirchlichen Projektes zu erbitten. Dabei wäre dies nur ein schwacher Vergleich, denn als König hattest Du damals weit mehr Macht als ein Politiker unserer Zeit. Anlässlich der Feier „1000 Jahre Bistum Bamberg", die ja damals ein ganzes Jahr, nämlich von Allerheiligen

2006 bis Allerheiligen 2007, begangen wurde, konnte ich durch Vermittlung von Kan. Luitgar Göller Dein Fest, das ja immer am 2. Sonntag im Juli gefeiert wird, als Konzelebrant mitfeiern.

Der jetzige Erzbischof von Bamberg, Ludwig Schick, hat bei der Begrüßung des Kardinals Friedrich Wetter, der als persönlicher Vertreter des Papstes fungierte, noch zahlreiche Gäste aus mehreren Staaten Europas und darüber hinaus namentlich erwähnt. Er zitierte dabei vor allem auch einen Hymnus an Gott aus Deinem Festoffizium: „… Wir, seine Erben, danken dir, von seinen Früchten zehren wir, noch heute, da an diesem Ort, sich vielfach setzt sein Wirken fort."

Von Bamberg aus wurden dann auch die Slaven zwischen Main und Regnitz christianisiert und der heilige Bischof Otto von Bamberg unternahm Missionsreisen bis nach Pommern und wird als deren Apostel verehrt. In der neueren Zeit erstreckte sich der Einfluss Deiner Lieblingsgründung auch in mehrfacher Hinsicht in die Übersee, so beispielsweise nach Afrika, Indien und Südamerika. Zu meiner Überraschung entdeckte ich in Montreal auch eine Metrostation, die nach Dir benannt ist, und es wurde mir bei der Fahrt auch gesagt, dass es eine Dir geweihte Pfarrkirche dort gibt und ebenso eine, die Deiner heiligen Gattin Kunigunde geweiht ist.

Es ist auffallend, wie gerade an Deinem Fest im Juli, an dem ich ja schon mehrmals dabeisein konnte, immer auch zahlreiche Priester aus anderen Kontinenten teilnehmen, um auf diese Weise die Weltkirche zu repräsentieren.

Heutzutage liefern sich Politiker Auseinandersetzungen über die Medien, die vor Wahlen noch an Heftigkeit zunehmen. Aber wie viele sind sich ihrer Verantwortung Gott gegenüber bewusst? Bei kaum einem Herrscher oder Politiker findet sich so deutlich wie bei Dir der Gedanke, dass Herrschaft (ob in Monarchie oder Republik) ein Lehen, also etwas von Gott Geliehenes, ist, wofür man einmal dem gegenüber Rechenschaft ablegen muss, von dem in dieser Welt alle Herrschaft (aber auch jedes Recht!) ausgeht, nämlich Gott. Von Dir heißt es in der Festpräfation vom 13. Juli: „… Als Herrscher war er bestrebt, Verantwortung in dieser Welt zu tragen, als Sohn der Kirche Wege zum Heil zu ebnen …" Abtreibung, „Homo-Ehen", Zusammenleben ohne Ehesakrament, Euthanasie, „Priesterinnenweihe" usw. wären für Dich völlig unakzeptabel gewesen. Das zölibatäre Leben der Priester war Dir ein besonderes Herzensanliegen. Die Verfechter des sogenannten „Kirchenvolksbegehrens" hätten bei Dir sicher auf Granit gebissen.

Du bist aber auch in die Nachwelt eingegangen als ein großer Beter. Du warst damals Herrscher eines riesigen Reiches, das sich von der Nordsee bis zum Mittelmeer erstreckte. Heute gilt wohl der amerikanische Präsident, gegenwärtig Barack Obama, als der mächtigste Mann der Welt. Seinen bekanntesten Spruch: „Ja, wir können es!", der die Lösung der Probleme in dieser Welt meint, hättest Du vielleicht folgendermaßen korrigiert: „Ja, mit Gottes Hilfe können wir es!"

Auch heute gilt immer noch das Psalmwort: „Wenn nicht der Herr das Haus baut, mühen sich die Bauleute vergeblich, wenn nicht der Herr die Stadt bewacht, wacht der Wächter umsonst"(Psalm 127). Wird Gott aber mitbauen und wachen, wenn seine Gebote weiterhin ignoriert werden?

In der letzten Nummer der „Salzburger Nachrichten" vom Jahr 2009 hat Andreas Koller die Furcht als eine Art Religionsersatz bezeichnet. Sie scheint tatsächlich das prägende Merkmal unserer Zeit zu sein. Immer neue Alarmsirenen gehen durch die Medien: Vogelgrippe, Schweinegrippe, Terror, Inflation, Deflation, Weltwirtschaftskrise, Klimakollaps, Islamisierung, kulturelle Unterwanderung, Asylanten und Einwanderer. Es gibt kaum etwas, was uns nicht Furcht einjagt. Nur die Gottesfurcht, eine der sieben Gaben des Hl. Geistes, scheint immer mehr zu einem Fremdwort zu werden. Dabei wird uns gerade diese sowohl im Alten wie auch im Neuen Testament ganz besonders ans Herz gelegt. Ein amerikanischer Präsident, nämlich Franklin D. Roosevelt, hingegen meinte im Jahre 1933, nur die Furcht müsse man fürchten. Wenige Jahre später brach das Inferno des 2. Weltkrieges mit all seinem Schrecken über die Welt herein.

Deine Gattin Kunigunde hatte sich, nachdem sie nach Deinem Tode noch ein Jahr die Regierungsgeschäfte geführt hatte, bis ein Nachfolger gewählt war, in das Benediktinerinnenkloster Kaufungen zurückgezogen, wo sie dann als einfache Nonne lebte und nach ihrem Tode ihrem Willen gemäß an Deiner Seite beigesetzt wurde.

In einem eigenen Schreiben hat Papst Benedikt XVI. Deinen Sternenmantel als besonders kostbaren Zeugen Deiner Regierungstätigkeit erwähnt. Im Mittelpunkt steht das Bild des herrschenden Christus, um ihn herum gruppieren sich Bilder von Bischöfen und Heiligen und vor allem die den Kosmos darstellenden Sternbilder und sagen uns: „Christus ist der Herrscher des Alls." Dieser Mantel ruhte auf Deinen Schultern als sichtbares Zeichen Deiner Würde und Sendung. So wie Du als hl. Herrscher vor 1000 Jahren für die Kirche, das Reich und viele Menschen ein Segen warst, so mögest Du es auch für die Länder unseres Erdteils am Beginn des 21. Jahrhunderts sein, damit sie Kraft und Mut finden, entschieden den Weg zu gehen, der hinführt zum himmlischen Reich. Bitte darum am Throne Christi, für dessen Reich Du Dich auf Erden so unermüdlich eingesetzt hast!

Darum ersucht Dich in aufrichtiger Verehrung Dein

Vom heiligen Leopold: Fest 15. November
Allherrschender Gott, du hast dem heiligen Markgrafen Leopold für die Ausübung seines Amtes die Gaben deines Geistes geschenkt. Hilf uns, unsere Pflichten treu zu erfüllen, und nimm uns einst auf in dein himmlisches Reich. Darum bitten wir durch Jesus Christus …

Statue des heiligen Markgrafen Leopold am Stift Klosterneuburg.

Erlauchter Markgraf, heiliger Leopold von Österreich, lieber Namenspatron!

Es sind nun fast 50 Jahre her, seit ich durch meinen Ordenseintritt Deinen Namen trage. Ich habe Deinen Namen immer sehr gerne getragen, zumal Du zu den Heiligen zählst, die mir seit früher Kindheit vertraut sind. Daher habe ich es mir, seit ich Deinen Namen trage, auch zur Gewohnheit gemacht, wenigstens einmal im Jahr zu Deinem Schrein in Klosterneuburg zu pilgern, und zwar möglichst an Deinem Festtag, dem 15. November.

Vor einigen Jahren wäre dieser Wunsch beinahe gescheitert. Ich fand das ganze Jahr über keinen passenden Termin. Dennoch wollte ich das Jahr nicht verstreichen lassen, ohne wenigstens einen Kurzbesuch an Deinem Grabaltar zu absolvieren. So bin ich am letzten Sonntag des Jahres, es war der 30. Dezember, nach meinen Gottesdiensten in der Pfarrei noch nach Klosterneuburg gereist.

Allerdings war der Zugang zu Deinem Altar bereits abgesperrt. Weder DDr. Floridus, mit dem ich meinen Besuch abgesprochen hatte, noch ich konnten die Absperrung beheben, weil wir nicht so hoch greifen konnten. In diesem Augenblick trat eine Gruppe griechischer Touristen herein, die einen ungewöhnlich großen Mann bei sich hatte, der uns alle um ein gutes Stück überragte. Er war sicher noch um einiges größer als Du, der Du mit ca. 1.80 m damals gewiss zu den groß gewachsenen Persönlichkeiten zähltest.

Mitunter kann man den Eindruck bekommen, dass es Euch Heiligen auch im Himmel nicht an Humor fehlt. Jedenfalls war es diesem Besucher aus Griechenland ein Leichtes, die Absperrung zu lösen. Die Gruppe wollte noch unbedingt den Verduner Altar besichtigen, über dem sich ja Dein Schrein befindet. Er zählt zu den erlesensten Kunstwerken Europas, ja der Welt. So war uns allen geholfen.

Einmal wollte ich in Heiligenkreuz, ebenfalls eine Stiftung von Dir, das Fest des seligen Otto von Freising, Deines Sohnes, mitfeiern. Aus Termingründen – in meinem Heimatkloster war noch eine Professfeier, in Anthering noch die Installierung des neuen Pfarrers Karl Steinhart – konnte ich erst gegen 20.00 Uhr in Salzburg abfahren und kam kurz vor Mitternacht in Baden an. Ich machte mich darauf gefasst, die Nacht in der Nähe des Bahnhofs zu verbringen. Aber gerade in dem Augenblick, als mich ein Mann ansprach, der keinen besonders Vertrauen erweckenden Eindruck machte, hielt ein Auto. Es war ein Schauspieler der Wiener Volksoper, der sich anbot, mich nach Heiligenkreuz zu fahren. Dort angekommen, kam just in diesem Augenblick Pater Gregor, jetzt Abt des Stiftes, von einem Seelsorgespäteinsatz zurück. So erhielt ich ein ordentliches Nachtquartier und konnte am nächsten Morgen den Gottesdienst zu Ehren des seligen Otto mitfeiern (was ich mit dem Linienbus zeitlich gar nicht mehr geschafft hätte).

Der selige Bischof Otto und Du als sein Papa wollten es offenbar nicht zulassen, dass ich die Nacht im Freien am Bahnhof verbringe. Schließlich ist dies ja auch nicht ganz ungefährlich, wie Zeitungsberichte immer wieder belegen. Ich sehe in diesen Vorkommnissen Zeichen Deiner väterlichen Güte, zumal man Dich schon zu Deinen Lebzeiten „Vater der Armen" und „Vater der Priester" nannte. Du warst es nicht nur für zwei Deiner Söhne, die beide heiligmäßige Bischöfe wurden, einer von ihnen als Konrad II. Erzbischof von Salzburg. Du warst es auch für viele Deiner Untertanen während Deiner Regierungszeit und darüber hinaus. Und Du warst auch ein erfolgreicher Friedensstifter und konntest durch Deinen Einfluss mit dazu beitragen, einen jahrelangen

Zwist zwischen Papst und Kaiser beizulegen. Das Ergebnis war das Wormser Konkordat von 1122. Das Kirchenmodell, das Du auf vielen Abbildungen in Deinen Händen trägst, ist daher keine leere Geste, sondern Ausdruck Deiner tiefgreifenden Sorge für das kirchliche Leben in Österreich, das Du nach Kräften gefördert hast.

Daher kann es auch kein bloßer Zufall sein, dass gerade von Deiner Lieblingsstiftung Klosterneuburg jahrelang eine Zeitschrift herausgegeben wurde mit dem Titel „Lebe mit der Kirche". Als Kind hat mich diese Zeitschrift, durch die ich die Schönheit des katholischen Kirchenjahres kennenlernte, ungeheuer in den Bann gezogen. Meine Eltern haben sich über dieses Interesse gefreut und es nach Kräften gefördert.

In den letzten Jahrzehnten nach dem 2. Vatikanischen Konzil haben sich Tausende in unserer Heimat, Dutzende auch in Lamprechtshausen, von der Kirche losgesagt und sich für ein „Leben ohne Kirche" entschieden. Viele andere nehmen sie allenfalls noch für einige Höhepunkte im Leben wie Taufe, Erstkommunion, Firmung und schließlich den Abgang von dieser Welt, das Begräbnis (eben „eine schöne Leich"), in Anspruch. Die Einladung, sich wieder unserer Gemeinschaft anzuschließen beziehungsweise sich wieder intensiver mit ihr zu verbinden und sich darin zu engagieren, bleibt weiterhin aufrecht.

Heutzutage wird gerade auch durch gewisse Medien viel getan, um unter der Bevölkerung, was den christlichen Glauben betrifft, Verwirrung zu stiften. Vor einigen Jahren habe ich selbst durch Zufall im „Report" eine Sendung gesehen, wie ein Mann aus der Steiermark mit seinem etwa zehnjährigen Buben zu einer Kalvarienbergkirche, wie es ja deren viele in Österreich gibt, hochstieg, wo er selbst noch als Kind ministriert hatte. Dabei sagte er übers Fernsehen, für wie idiotisch er es hält, einen gekreuzigten Mann als Herrgott zu verehren. Er war Jahre zuvor nach Afghanistan ausgewandert, nachdem er entweder kurz zuvor oder auch dort vom Christentum zum Islam übergetreten war. Infolge der prekären Situation in seiner neuen Heimat kehrte er wieder in die Steiermark zurück. Man kann sich leicht vorstellen, wie eine solche Sendung auf Menschen, die ohnehin im Glauben schwach geworden sind, einwirken kann.

Eine andere Begegnung bleibt mir aber ebenfalls unvergesslich. Ich war sechs Jahre als Seelsorger in Seewalchen am Attersee, das damals noch dem Stift Michaelbeuern inkorporiert war. Kurz, nachdem ich die Pfarrstelle in Lamprechtshausen übernommen hatte, wurde ich von den Angehörigen eines alten Bauern, nämlich der Familie von Alois Baumgartinger, gebeten, ihren sterbenden Vater noch zu besuchen, was ich dann auch getan habe. Dabei sagte mir dieser blinde Bauer wenige Tage vor seinem Tode: „Pater Leopold, was haben wir für einen schönen Glauben."

Ich bin überzeugt: Jesus wie auch Du, lieber heiliger Leopold, würden das Gleiche sagen: Dieser blinde Bauer hat besser gesehen als jener Vater, der aus welchen Gründen auch immer zum Islam übertrat und für den christlichen Glauben nur Verachtung übrig hatte. Gerade weil Du selbst einem Mann, dem ein Hussit mit einem Pfeil ein Auge ausgeschossen hatte, das Auge mit Deiner Fürbitte wiederherstellen konntest, hast Du auch ein Zeichen gesetzt, wie sehr es Dir ein Anliegen ist, dass die Menschen sehend werden für die höheren Wahrheiten.

Das Mirakelbuch, das man in Klosterneuburg angelegt hat und das wunderbare Begebenheiten von Dir berichtet, legt davon Zeugnis ab, dass Du im Himmel Deine Verehrer nicht vergessen hast. Als Gründer von drei Klöstern und Förderer weiterer kirchlicher Einrichtungen hast Du bis in unsere Zeit in Österreich deutliche Spuren hinterlassen. Dies hat Abt Wolfgang von Zwettl, zugleich Abtpräses der österreichischen Zisterzienserklöster, beim Festgottesdienst an Deinem Hochfest dem 15. November 2009 in besonderer Weise hervorgehoben.

Einige Male konnte ich auch im Stefansdom in Wien an Deinem Altar die heilige Messe zelebrieren. Ich habe dazu einmal in einer Zeitschrift einen schönen Bericht von P. Oskar Hofmann MFSC gelesen. Der damalige Mesner zeigte ihm und seinen Begleitern an dem Dir geweihten Altar Dein Relief. Er nahm davon das Haupt in seine Hand und wies auf die Brandspuren auf der Rückseite. Ein russischer Soldat hatte das Haupt bei der Besetzung Wiens aus dem Altar herausgerissen und in ein Feuer geworfen, wo es lange lag. Dein Gesicht wurde dabei nicht verbrannt. Ist dies für uns nicht ein Symbol? Dein Gesicht wird in unserem Volk nie ganz ausgetilgt werden, wenn auch, wie der niederösterreichische Landeshauptmann Erwin Pröll bei seiner Tischrede beim Festessen an Deinem Tag ausdrücklich bedauerte, immer weniger Menschen über Dein Leben und Wirken Bescheid wissen.

Wenn auch unsere Zeit eine andere geworden ist, so stünde es doch dem heutigen österreichischen Volk gut an, Dich als einen der Größten seiner Geschichte zu ehren und Deine Fürbitte zu erflehen. Sicher hast Du als ein wahrer Vater des Vaterlandes oft für die Dir Anvertrauten ein Segensgebet gesprochen. Spende von der Herrlichkeit des Himmels weiterhin Deinen väterlichen Segen!

Darum bittet Dich herzlich Dein

P. Leopold Pröll

*Vom heiligen Johannes Maria Vianney (Pfarrer von Ars):
Fest 4. August*

Allmächtiger und barmherziger Gott, du hast dem hl. Pfarrer von Ars die Geduld und Sorge eines guten Hirten gegeben, der sich für das Heil seiner Mitmenschen verzehrt. Hilf auf seine Fürsprache auch uns, Menschen für Christus zu gewinnen und zusammen mit unseren Brüdern und Schwestern das ewige Heil zu finden. Darum bitten wir durch Jesus Christus ...

Statue des heiligen Pfarrers von Ars nahe Ars. Er sagt zu einem Jungen: „Du hast mir den Weg nach Ars gezeigt. Ich zeige dir dafür den Weg in den Himmel!"

Hochw. Herr Kanonikus Johannes Maria Vianney! Lieber hl. Pfr. v. Ars!

Ohne Zweifel warst Du ein Original. Unter Napoleon I. ein Fahnenflüchtiger, wurdest Du durch Napoleon III. zum Ritter der Ehrenlegion ernannt und wirst auch als Patron der Soldaten verehrt. Am 8. Mai 1786 wurdest Du in Dardilly bei Lyon als viertes Kind einer strenggläubigen katholischen Bauernfamilie geboren und noch am gleichen Tag getauft. Die erste heilige Kommunion konntest Du nur unter Lebensgefahr für alle Beteiligten in einer Scheune feiern, während dort verrichtete Arbeiten von der Feier abgelenkt haben. Es war ja die Zeit der französischen Revolution.

Obgleich Du große Schwierigkeiten mit dem Lernen hattest, konntest Du Dein Ziel, Priester zu werden, dank eines priesterlichen Freundes des Don Balley schließlich dennoch erreichen. Vor allem mit dem Latein hattest Du Dir sehr schwer getan. Dies erinnert mich an eine heitere Begegnung anlässlich meines ersten Besuches in Ars im April 1982. Am Ortseingang sprach mich ein Priester in französischer Sprache an. Als er merkte, dass ich ihn nicht verstand, versuchte er es auf Englisch. Ich versuchte es meinerseits ein wenig mit Latein, war aber auch bald mit meinem Latein am Ende. Schließlich stellte sich heraus, dass es deutsch am besten funktionierte. Es war Pfarrer Karl Ecker von Gallspach, das so wie Seewalchen, wo ich damals Seelsorger war, zum Hausruckviertel gehört. Wir haben beide gelacht und Du im Himmel vielleicht auch.

Bei der heiligen Messe für meine Pilgergruppe durfte ich Deinen Messkelch verwenden. Ich bin später noch einige Male in

Ars gewesen. Es könnte sicher auch heutzutage so manche Menschen nachdenklich machen, wenn sie den Beichtstuhl sehen, wo Du Sommer und Winter täglich bis zu zehn Stunden und mehr verbracht hast. Weil man Dich für unfähig hielt, bekamst Du in den ersten Jahren Deines Priestertums keine Beichtvollmacht und wurdest schließlich der bedeutendste Beichtvater Frankreichs. Ströme von Pilgern, darunter Bischöfe, Adelige, Politiker, Universitätsprofessoren, Juristen, Mediziner, reisten nach Ars, um bei Dir beichten zu dürfen. In deinen letzten Lebensjahren waren es jährlich bis zu 80.000 Personen, die zu dir pilgerten.

Schon zu Deinen Lebzeiten hattest Du den Ruf eines Wundertäters. So wird den heutigen Besuchern noch der Mehltrog gezeigt, der lange Zeit einfach nicht leer wurde, als es im Waisenhaus am Nötigsten fehlte. Dass der Widersacher Gottes, der Satan, dabei nicht tatenlos zusehen wollte, ist leicht zu begreifen. Es gab in der Neuzeit wohl keinen Heiligen, der so gegen Satan kämpfte und auch vom Bösen angegriffen wurde wie Du. Selbst Männer, die Dich bei dem lärmenden Umtreiben im Pfarrhaus beschützen wollten, haben am Schluss die Flucht ergriffen, weil es ihnen unheimlich wurde.

Dass es eine Hölle und gestürzte Engel gibt, ist katholische Glaubenslehre. Demnach ist der Dämon ein personales Wesen und nicht bloß eine bloße Angstvorstellung. In den Jahren nach dem Konzil konnte man öfters die Vermutung hören, dass es zwar nach den Aussagen der Bibel eine Hölle gäbe, aber sie vermutlich leer sein würde. Dies kann aber auf keinen Fall zutreffen, da der Satan und seine Engel sich auf jeden Fall drinnen befinden. In der Welt bleibt Satans Wirken meistens verborgen. Nur gelegentlich tritt er mit Zulassung Gottes hervor, besonders dort, wo er seinen Einfluss gefährdet sieht. Weil er sich an Gott selbst nicht vergreifen kann, versucht er umso mehr, das Wirken der Gottesstreiter lahmzulegen. Wir kennen sehr wohl die Redewendung „Der Teufel schläft nicht."

Das hast gerade Du, lieber Pfarrer Vianney, jahrzehntelang bitter erfahren müssen. Angefangen hat es damit, als Du darangingst das Haus der Vorsehung, die „Providence", zu erbauen. Wenn Du Dich spät abends todmüde zur Ruhe legen wolltest, ging im wahrsten Sinn des Wortes ein Höllenlärm los. Krachende Schläge, als zertrümmere ein Schmiedehammer die Eingangstür des Pfarrhauses, und verschiedene andere hässliche Stimmen waren zu hören. Einmal sahst Du die Hölle unter Deinen Füßen offen, und eine Stimme sagte Dir, dass dort schon ein Platz für Dich vorgemerkt sei. Tatsächlich littest Du eine Zeit lang unter der Angst, verdammt zu sein. Später hast Du Dich mehr und mehr an dieses Höllenspektakel gewöhnt, weil es beinahe alltäglich wurde.

Einmal wurdest Du mit Deinem Bett im Pfarrhaus herumgezerrt. Entsprechend sagst Du daraufhin: Der Grappin hat sich in der Nacht damit amüsiert mich in meinem Zimmer wie in einem Rollbett spazieren zu führen. Einige, die den Mut aufbrachten, im Pfarrhaus eine Nacht zu verbringen, haben Ähnliches erlebt, so auch einige Priester, die Dich vorher mitunter als Geisterseher und Halbverrückten bezeichneten. Sie haben es einmal nachts selbst zu spüren bekommen. Um Mitternacht fahren alle Spötter aus dem Schlaf, aufgeschreckt durch ein fürchterliches Getöse. Das ganze Pfarrhaus ist durcheinander, die Türen schlagen, die Fenster zittern, die Mauern schwanken unter unheimlichem Krachen. Jetzt erinnert man sich an Deine Vorhersage, die Du vor dem Schlafengehen gemacht hast: Seien sie nicht überrascht, wenn sie zufällig heute Nacht Geräusche hören! Sie eilen in Dein Zimmer. Du hast Dich längst an solche Vorfälle gewöhnt. Sie finden Dich ruhig im Bett liegend, während sie Dich anschreien: „Steh auf, das Pfarrhaus wird zusammenstürzen!" Du hingegen forderst sie auf, sich ruhig wieder hinzulegen. Es wird nichts passieren.

Du nennst diesen Unruhestifter, von dem Du sicher weißt, dass es der Teufel ist, einfach den „Grappin". So hieß bei den Bauern eine dreizinkige Gabel, wie sie damals gebräuchlich war. Tatsächlich wird in der darstellenden Kunst der Teufel oft mit einer dreizackigen Gabel dargestellt. Warum wohl? Ist es eine Anspielung auf den drei-persönlichen Gott? Nicht selten wird er ja der Affe Gottes genannt. Heutzutage besteht freilich sein größter Trick darin, den Menschen glauben zu machen, dass es ihn nicht gibt.

So fragte mich einmal eine Religionslehrerin (nicht die jetzige!), anlässlich der Vorbereitung auf die Erstkommunion, ob ich die Frage: „Widersagt ihr dem Satan?" nicht auslassen könne. Ich gab daraufhin nur die Antwort: Nun, ich kann auch fragen: „Widersagt ihr dem Teufel?" Ein anderes Mal sagte man mir, es war ebenfalls bei einem Vorbereitungsabend auf die Erstkommunion: „Pater Leopold, der Teufel ist doch nur eine Sagengestalt." Jesus Christus nennt ihn hingegen den Menschenmörder von Anbeginn, den Vater der Lüge, den Herrscher dieser Welt. Ähnliche Aussagen finden sich auch in den Briefen des heiligen Paulus wie des heiligen Petrus.

Drei Jahre vor Deinem Tod ereignete sich der berühmte Vorfall mit dem verbrannten Bett. Es war in den letzten Faschingstagen. Zum ersten Mal feierte man das 40-stündige Gebet. Die Menschenmenge war ungeheuer und das Wirken Gottes in den Seelen augenfälliger denn je. Ein scheußlicher Brandgeruch war zu spüren. Auch uns zeigte man beim Besuch Deines Pfarrhauses das verbrannte Bett. Zahlreiche Bilder und Gegenstände, die Dir viel bedeuteten, waren verbrannt. Erst vor dem Reliquiar der heiligen Philomena hatte das Feuer haltgemacht. Man wies auf eine geradezu geometrische Linie hin. Alles, was diesseits der Reliquie war, wurde zerstört, alles, was jenseits war, blieb verschont. So wie es sich ohne ersichtlichen Grund entzündet hatte, war es auch erloschen. Als man Dich daraufhin bedauert hatte, weil Du nun auch kein Bett mehr hattest, hast Du mit größter Selbstverständlichkeit geantwortet: „Liebe Freunde, das ist doch ganz klar: Da er den Vogel nicht haben konnte, hat er den Käfig verbrannt. Er ist zornig. Das ist ein gutes Zeichen. Wir werden Geld bekommen und Sünder." Tatsächlich hast Du nach solchen und ähnlichen Vorfällen die augenfälligsten Bekehrungen erlebt. Erst wenige Jahre vor Deinem Tode hörten die teuflischen Belästigungen auf.

Papst Benedikt XVI. hat anlässlich Deines 150. Todestages ein Priesterjahr ausgerufen. In seinem Schreiben an die Priester zitiert der Papst einige Kostproben aus Deinem Munde: „Ohne das Sakrament der Weihe hätten wir den Herrn nicht. Wer hat ihn da in den Tabernakel gesetzt? Der Priester. Wer hat eure Seelen beim ersten Eintritt in das Leben aufgenommen? Der Priester. Wer nährt sie, um ihr die Kraft zu geben, ihre Pilgerschaft zu vollenden? Der Priester. Wer wird sie darauf vorbereiten, vor Gott zu erscheinen, indem er sie zum letzten Mal im Blut Christi wäscht? Der Priester, immer der Priester." Oder: „Oh, wie groß ist der Priester! Wenn er sich selbst verstünde, würde er sterben. Gott gehorcht ihm: Er spricht zwei Sätze aus und auf sein Wort hin steigt der Herr vom Himmel herab und schließt sich in eine kleine Hostie ein."

Dass die Priester selbst wieder an ihre Würde glauben, das ist eines der Ziele, das der Papst mit diesem Jahr verbindet. Du hast gearbeitet bis zum Umfallen. Einsamkeit und Fluchtgedanken waren Dir nicht fremd. Dennoch trug Dich die Gewissheit, dass das Priestertum die Liebe des Herzens Jesu ist.

Der Bischof von Belley eilte herbei, als er von Deinem ernsten Gesundheitszustand erfuhr. Er beugte sich über Dich und Deine Tränen benetzten sein Brustkreuz. Du konntest aber nochmals lächeln, als er Dir versicherte, in die Kirche gehen zu wollen, um für Dich zu beten. Der Jammer Deiner Pfarrkinder war herzzerreißend. Das Dach und die Mauer wurden pausenlos mit kaltem Wasser begossen, um Dir in der Sommerhitze etwas Erleichterung zu verschaffen. Du empfingst die Sterbesakramente und weintest. „Warum weinen Sie", fragte Dich Bruder Elias, der an Deinem Bette kniete, und Deine Antwort darauf: „Es ist so traurig, zum letzten Mal kommunizieren zu können." Als man die Fliegen von Deinem schweißüberströmten Gesicht verscheuchen wollte, wehrtest Du noch ab: „Lassen Sie mich mit meinen armen Fliegen! Eines nur ist widerlich: die Sünde." Am Donnerstag, den 4. August, um 2.00 Uhr früh gabst Du Deine reine Seele ohne Todeskampf Deinem Schöpfer zurück. 41 Jahre und fünf Monate warst Du Pfarrer von Ars gewesen.

Das, was ich in diesem Brief an Dich schrieb, konnte nur ein kurzer Überblick über Dein spannungsreiches Leben sein. Es könnte aber für manche vielleicht eine Anregung sein, sich mit Deinem Leben näher zu beschäftigen. Gerade im Priesterjahr wird es dazu an entsprechender Literatur nicht fehlen. Es war und ist sicher der Wunsch des Papstes anlässlich Deines Jubeljahres, dass nicht nur die Priester, sondern auch die Laien das Priesterjahr begehen. Ich denke da vor allem auch an meine eigene Mutter. Sie war von einem Buch, „Die große Ernte", das Dein Leben schilderte, so fasziniert, das sie den Wunsch hatte, dass einer ihrer Söhne Priester werde.

Als der damalige, von ihr sehr verehrte Pfarrer Josef Rohrmoser von Sankt Wolfgang aufgrund einer Anzeige von den Nazis in das Konzentrationslager Dachau gebracht wurde, hatte sie Gott innigst um seine Freilassung gebeten. Dafür dürfe er mit mir machen, was er wolle, auch mich sterben lassen oder Priester werden lassen. Wenige Jahre vor ihrem Tode machte mir die Mutter davon Mitteilung. Sie hat dies auch mit meinem Vater abgesprochen, der dazu seine Zustimmung gab. Pfarrer Rohrmoser hat tatsächlich die Befreiung durch die Amerikaner erlebt und auch uns bald darauf besucht. An den Besuch kann ich mich noch erinnern, wenn auch nicht mehr an die Gespräche. Dazu war ich damals noch zu klein.

In der Nähe von Ars befindet sich ein Denkmal, das Dich mit einem Buben zeigt. Es erinnert an Deine Ankunft in Ars. Du fragtest den Buben nach dem Weg nach Ars und versprachst, ihm dafür den Weg zum Himmel zu zeigen. Es bleibt dies tatsächlich das wichtigste Ziel für uns alle. Da Dir der Papst für dieses Jahr ein besonderes Patronat anvertraut hat, bist Du sicher auch berechtigt, einen besonderen Segen zu erteilen, etwa in der Art eines Primizsegens, der folgenden Wortlaut hat: „Gott segne Euch durch den ewigen Hohepriester Jesus Christus. Er schenke Euch die Gnade, ihn zu erkennen und zu lieben. Amen. Er bewahre Euch und behüte Euch vor dem Bösen, damit keiner von Euch verloren geht. Amen. Das gewähre Euch der dreieinige Gott, der Vater, der Sohn und der Heilige Geist." Deine Mitbewohner im Himmel brauchen diesen Segen nicht mehr. Wir auf dieser Erde brauchen ihn sehr notwendig.

Ich möchte Dich deshalb, lieber Herr Pfarrer von Ars, innigst darum bitten. Dein

Von der heiligen Bernadette: Fest 16. April

Gott, du Schützer und Freund der Demütigen, du hast deine Dienerin Bernadette durch die Erscheinungen und Unterredungen mit der unbefleckt empfangenen Jungfrau Maria erfreut. Gib uns die Gnade, wir bitten dich inständig darum, dass wir durch Betätigung des Glaubens gewürdigt werden, zur Herrlichkeit deiner Anschauung im Himmel zu gelangen. Darum bitten wir durch Jesus Christus ...

Statue der heiligen Bernadette in Lourdes.

Ehrwürdige Schwester, liebe heilige Bernadette!

Im Jahre 2008 waren es genau 150 Jahre, seitdem Du in Lourdes eine überirdisch schöne Dame gesehen hast. Für den Papst war dies ein Anlass, die Gedenkstätten der Erscheinungen in Lourdes zu besuchen, so wie sein Vorgänger Johannes Paul II., der kurz vor seinem Tod nochmals Lourdes besucht hat, um seine Solidarität mit den Leidenden und Kranken zu bekunden und sich selbst zu stärken für die letzte Etappe seines irdischen Lebens. Nach Deiner mehrmaligen Bitte an diese schöne Frau, Dir doch ihren Namen zu nennen, hat sie Dir schließlich gesagt: „Ich bin die Unbefleckte Empfängnis!" Dein Heimatpfarrer Abbe Peyramale, der bis dahin Deinen Aussagen gegenüber sehr skeptisch war, sagte daraufhin: „Für mich genügt das, ich glaube!" Er stand fortan fest zu dir. Vier Jahre zuvor hatte ja der selige Papst Pius IX. diesen Glaubenssatz, dass Maria ohne jeden Makel der Erbsünde im Schoß ihrer Mutter empfangen wurde, als verbindliches Dogma verkündet.

Insgesamt hast Du diese schöne Frau in der Zeit vom 11. Februar - 16. Juli 1858 18-mal zu sehen bekommen. Du warst damals ein Mädchen von 14 Jahren und bist als Tochter eines armen Müllers unter bescheidensten Verhältnissen aufgewachsen und warst obendrein von stets kränklicher Natur. In der Folgezeit waren Schwierigkeiten, Anfeindungen und Verleumdungen die Folge, die Du bei zahlreichen Verhören durchstehen musstest. Als Du schließlich die Aufgabe in Lourdes als vollendet angesehen hast, bist Du als einfache Ordensschwester ins Kloster St. Gildard in Nevers eingetreten. Auch dort haben sich Missverständnisse und Demütigungen vonseiten Deiner Mitschwestern fortgesetzt. Du hast es als Deine Aufgabe angesehen, „krank zu sein", um für die Bekehrung der Sünder zu leiden. Die Gesundheit war Dir also nicht das Wichtigste, wie man dies hierzulande oft zu hören bekommt. Heutzutage wird die Euthanasie (wörtlich „guter Tod"), gemeint ist damit ein schmerzfreies Sterben, als erstrebenswert angesehen. Nicht selten kann man in den Zeitungen lesen, dass jemand seinen kranken Ehepartner oder Lebensgefährten getötet hat. Oft wird es als Mitleid beurteilt, weil jemand die Schmerzen des anderen nicht mehr ansehen konnte. Der Grund dafür ist freilich oft die Tatsache, dass der Glaube an das Weiterleben nach dem Tode, der ja zum christlichen Glauben gehört, verloren gegangen ist oder einfach verdrängt wird.

Ich erinnere mich an eine Fernsehdiskussion zu diesem Thema, die ich einmal gesehen habe, als es um das Thema Euthanasie ging. Eine altkatholische Pfarrerin hat dabei zugegeben: „Auch ich war eine Anhängerin des sanften Todes. Man sollte doch die Menschen nicht unnötig leiden lassen, sondern von den Schmerzen erlösen. Schließlich kam ich selbst in eine solche Situation. Dabei erfasste mich große Angst, man könnte mir das antun, wofür ich mich in meinen gesunden Tagen so eingesetzt hatte." Der frühere Generalvikar von Wien, Prälat Helmut Schüller, ebenfalls ein Teilnehmer an dieser Fernsehdiskussion, gab zu bedenken, dass jemand, der sterben möchte, immer noch in der Verantwortung denen gegenüber steht, die leben möchten.

Wenn man Dir Bewunderung entgegenbrachte wegen Deiner Dir vom Himmel verliehenen Auszeichnung, die Gottesmutter gesehen zu haben, gabst Du gerne die demütige Antwort: „Wehe mir, ich habe so viele Gnaden erhalten und habe so wenig davon genutzt." Dies mag so manchen Durchschnittschristen verwundern oder als übertrieben vorkommen. Aber es ist so: Je greller das Sonnenlicht ist, umso deutlicher sieht man auch jeden Schatten, während in der Dunkelheit der Nacht kein Schatten mehr zu sehen ist. So ist es auch beim göttlichen Licht. Je näher jemand der göttlichen Sonne steht, umso schmerzlicher erkennt er auch menschliche Unvollkommenheiten, je mehr sich jemand in der Finsternis der Sünde befindet, umso weniger bemerkt dies der Mensch beziehungsweise verdrängt er diesen Gedanken durch übermäßigen Alkoholgenuss, durch Drogen oder andere Ablenkungsmanöver.

Alle Prüfungen und Leiden konntest Du durchstehen, weil Dir ja die unsagbar schöne Frau versprochen hatte: „Ich verspreche Dir, dich glücklich zu machen, nicht in dieser Welt, sondern in der anderen."

Zeitlebens freuten sich meine Eltern darauf, ihren Zwilling, der ihnen kurz nach der Geburt durch den Tod wieder genommen wurde, einmal im Himmel wiederzusehen. Es wären dies meine Geschwister, Ägid und Klara, gewesen. Der Bub wurde noch in der Kirche normal getauft. Das Mädchen, das nach der Geburt nur eine Stunde lebte, erhielt noch die Nottaufe. Was hatte sich unser Vater bemüht, noch einen Arzt zu erreichen. Es war alles vergeblich. Amerikanische Besatzungssoldaten haben die Mutter mit dem Vater schließlich mit dem Auto in die Geburtenstation nach Sankt Gilgen gebracht. Das Leben der Zwillinge war dennoch nicht mehr zu retten.

„Wir leben nur einmal!" So wird bei fröhlichen Zusammenkünften oft gesungen. Dies ist einerseits richtig, aber zugleich falsch. Auf dieser Erde leben wir entgegen anderen Behauptungen tatsächlich nur einmal. Unendlich viel aber steht für jeden Menschen in diesem irdischen Leben auf dem Spiel. Du selbst sagtest gerne: „Wenn man die unsagbar schöne Frau gesehen hat, möchte man am liebsten sterben, um sie wiederzusehen." Ähnliche Worte schrieb auch der heilige Apostel Paulus: „Kein Auge hat es gesehen, kein Ohr hat es gehört, in keines Menschen Herz ist es gedrungen, was Gott denen bereitet, die ihn lieben." Nicht die

Gesundheit ist demnach das Wichtigste im Leben, sondern die Liebe zu Gott.

Als ich am 16. April 1982 (es war zufällig Dein 103. Todestag) das erste Mal zu Deinem Schrein in Nevers kam, sagte ich zuvor zu meinen Mitpilgern im Autobus: „Ihr werdet sehen, dass die heilige Bernadette aussieht, als ob sie schlafen würde." Dies wurde mir nachher auch einhellig bestätigt. Hier hat Gott ein deutliches Zeichen gesetzt. Diese Deine himmlische Auszeichnung kostete freilich keinen geringen Preis. Vor Deinem frühen Heimgang aus dieser Welt, nur 35 Lebensjahre waren Dir beschieden, hattest Du noch wahnsinnige Schmerzen und seelische Ängste zu erdulden. Wiederholt batest Du Deine Mitschwestern um Vergebung für alle möglichen Unvollkommenheiten und batest sie um ihr fürbittendes Gebet für die letzten Prüfungen vor Deinem Heimgang. Kurz vor Deinem irdischen Ende wurdest Du nochmals nach Deiner Lebensgeschichte befragt und sagtest mit letzter Kraft: „Sehen Sie, meine Geschichte ist ganz einfach: Die Jungfrau hat sich meiner bedient und dann hat man mich in die Ecke gestellt. Dort ist mein Platz, dort bin ich glücklich und dort bleibe ich." Unmittelbar vor dem Sterben hast Du nochmals gesagt: „O, ich habe sie gesehen."

Als man am 3. April 1919 (auf den Tag genau 20 Jahre vor meiner Geburt) ein letztes Mal Deinen Sarg öffnete, warst Du noch so zu sehen wie im Augenblick Deines Todes vor 40 Jahren. Noch immer nicht die geringste Spur von Verwesung. Mit sorgsamer Andacht wurden diesmal Dein Antlitz und Deine Hände mit einer dünnen Wachsschicht überzogen. Jetzt wurdest Du, als ob Du schlummern würdest, in einen Schrein aus Glas und Gold gelegt und zunächst im Chor der Schwestern von Nevers aufgestellt. Seit Deiner Erhebung zur Ehre der Altäre kann Dich jeder, der nach St. Gildard in Nevers kommt, dort in Deinem Schrein sehen, bekleidet mit Deiner schwarzen Ordenstracht, das Haupt geneigt, die Hände über dem Herzen gefaltet. Unversehrt sind Deine Augen, die die unsagbar schöne Frau gesehen haben, unversehrt die Hände, die mit ihr den Rosenkranz beteten, unversehrt die Lippen, die mit ihr gesprochen haben. Auf dem Schrein stehen auch die Worte, die Dir die schöne Frau gesagt hat: „Ich verspreche dir, dich glücklich zu machen, nicht in dieser Welt, sondern in der anderen." Wenn man Dich sieht, kann man sich nur schwer losreißen von Deinem Schrein.

Über Dich gibt es keine Legenden. Das Wunderbare an Dir ist offensichtlich: Du, ein armes, unwissendes Müllermädchen, wurdest zum Anlass, dass die Verehrung der Gottesmutter in unserer Zeit wieder auflebte. Ein neuer Gnadenort entstand in Lourdes, dessen Quelle mit ihren Segnungen den ganzen Erdkreis überflutet. Dass in Lourdes Wunder geschehen, ist unleugbar. Ihre Zahl besagt nicht viel; was allein Bedeutung hat, ist, dass dieses Phänomen existiert und aus dem Rahmen des natürlich Erklärbaren herausfällt. Zweifellos sind auch die Wunder von Lourdes, wie alle Wunder, nur Zeichen, durch die Gott sich offenbart, denn das Wunder ist Ausnahme und wird es immer bleiben. Ich selbst bin dort im August 1982 einem Mann begegnet, der Augen hatte (ohne Pupillen!), mit denen er normal nicht hätte sehen können. Dennoch hat er uns gesehen und auch die Hand gereicht.

Die Heilung des Bruder Leo Schwager wird in einem Buch geschildert. Es war eine von ca. 70 von der Kirche als Wunder anerkannten Heilungen. Über seine plötzliche Heilung von multipler Sklerose im Endstadium hat er mir in seinem Heimatkloster Uznach/Schweiz persönlich erzählt. Es war am 30. April 1952. Wie viele andere auch, wurde er zur Sakramentsprozession, die der Kardinalerzbischof von Lyon leitete, in einem Krankenwagen dorthin gebracht. Als ihn der Kardinal segnete, verspürte er einen

Schlag vom Kopf bis zu den Füßen. Dem Kardinal wäre beinahe die Monstranz aus den Händen gefallen. Kerngesund kniete Leo Schwager dann auf dem Boden und so stand er auch auf.

Bei einem meiner Besuche in Nevers erhielt ich auch eine Reliquienkapsel mit einem winzigen Stückchen Fleisch („ex carne") aus Deinem Leib, bestätigt durch eine bischöfliche Urkunde. Nachdem sich Dir, liebe heilige Bernadette, der Himmel im Jahre 1858 achtzehn Mal geöffnet hat, haben sicher auch auf Deine Bitten hin viele Menschen Segen für Leib und Seele erfahren. Gottes Segen mögest Du auch uns heutigen Menschen erbitten. Darum ersucht Dich in aufrichtiger Verehrung

Dein

P. Leopold Broll

Vom heiligen Papst Pius X.: Fest 21. August

Herr, unser Gott, du hast dem heiligen Papst Pius X. wahre Frömmigkeit und apostolischen Eifer geschenkt, um den Glauben der Kirche zu schützen und alles in Christus zu erneuern. Hilf uns, seiner Weisung und seinem Beispiel zu folgen und so den ewigen Lohn zu erlangen. Darum bitten wir durch Jesus Christus ...

Bild des heiligen Papstes Pius X. in einer St. Josefskirche in Rom.

Eure Heiligkeit, lieber heiliger Papst Pius X.!

Nachdem ich es mir nun einmal vorgenommen habe, mich in Briefen an jene Heiligen zu wenden, die irgendwie in mein Leben eingegriffen haben, kann ich doch auf Dich nicht vergessen. Schon in dem Brief, den ich an den heiligen Benedikt gerichtet habe, habe ich erwähnt, wie ich zu meinem Beruf gekommen bin, nämlich durch einen Brief von P. Berthold Egelseder an meine Eltern. Er kam am 29. Mai 1954 in unser Haus. Es war genau der Tag Deiner Heiligsprechung durch Papst Pius XII.

Da mein Vater, so wie übrigens auch Dein Vater, lieber Papst, Briefträger war, hat er ihn selbst gegen seine sonstige Gewohnheit geöffnet und war begeistert. Er hat dies auch sofort meiner Mutter mitgeteilt, die erst recht darüber erfreut war. Nur ich war es nicht, da ich mich nicht zum Studium an einem Gymnasium fähig fühlte, obgleich der Pfarrerberuf für mich ein Traum war. Dies brachte meine Mutter fast zum Weinen. Der Vater hat mich daraufhin in den Heustadel genommen, um auf mich einzureden. Als letzten Trumpf spielte er damals aus – ich kann mich daran so gut erinnnern, als ob es gestern gewesen wäre –, dass ich, wenn ich auf dieses Angebot einstiege und nach Michaelbeuern zum Studium ginge, sicher auch einmal nach Rom kommen würde. Daraufhin habe ich Ja gesagt. Es hat zwar noch 24 Jahre gedauert, bis dieser Wunsch erstmals in Erfüllung ging, vorher kam ich sogar nach Israel in die Heimat Jesu. Aber immerhin, es war kein leeres Versprechen. Inzwischen bin ich wohl etwa 20-mal dort gewesen, zuletzt am 21. Oktober 2009. Jedes Mal verweile ich dabei natürlich auch zu kurzem Gebet bei Deinem unversehrten Leichnam im Petersdom.

Du stammst aus einer kinderreichen Familie, die noch ärmer als unsere war. Du warst jedoch viel gescheiter und mit weitaus mehr Geistesgaben ausgestattet als ich. Dies hat Dich trotz großer Schwierigkeiten Stufe für Stufe im Dienst des Altars schließlich zum höchsten Amt in der Kirche geführt. „Alles in Christus erneuern" war Dein Wahlspruch, den Du Dir gewählt hast. In vielen Bereichen Deines verantwortungsvollen Amtes hast Du versucht, dieses Ziel in die Tat umzusetzen, wie etwa im Kirchenrecht und in der heiligen Liturgie. Vor allem aber bist Du zum Papst der heiligen Eucharistie geworden. Du hast entgegen den damaligen Gepflogenheiten zum häufigen Kommunionempfang eingeladen, und zwar möglichst bei jeder heiligen Messe. Freilich hast Du die Gläubigen auch ermahnt, jedenfalls jene, die Deine Einladung beherzigen wollen, auch auf das Bußsakrament nicht zu vergessen und etwa monatlich einmal zu beichten. Heutzutage gehen bei bestimmten Anlässen mitunter auch solche Personen zum Tisch des Herrn, deren Beichte schon Jahre zurückliegt. Auch zur Frühkommunion der Kinder hast Du eingeladen, sobald diese imstande sind, den Leib des Herrn von gewöhnlicher Speise zu unterscheiden.

Den Erstkommunikanten hast Du die selige Imelda zur Patronin gegeben. Dieses junge Mädchen ist aus lauter Freude über die Erstkommunion, die ihr wunderbarerweise zuteil wurde, nachdem der Priester sie zunächst für zu jung gehalten hatte, kurz nach der Erstkommunion gestorben. So etwas braucht man, glaube ich, heutzutage bei unseren Erstkommunikanten nicht befürchten, da die allermeisten von ihnen bereits am Sonntag danach am Tisch des Herrn fehlen. Zu unserer Zeit wurde gerne ein Lied gesungen, das vielleicht bei Erstkommunionfeiern auch heute noch angestimmt wird: „Jesus, Jesus, komm zu mir, o wie sehn ich mich nach dir. Meiner Seele bester Freund, wann werd ich mit dir vereint? Tausendmal begehr ich dein, Leben ohne dich ist Pein …"

Heutzutage gewinnt man eher den Eindruck, dass das Gegenteil der Fall ist, dass die Begegnung mit Jesus Christus in der Kirche als eine Pein empfunden wird, weil ausschlafen, verschiedene Unterhaltungen, Ausflüge usw. als willkommener angesehen werden. Es fehlt tatsächlich die Sehnsucht nach der Vereinigung mit Christus, nicht nur bei den Kindern, sondern auch bei den Erwachsenen, sogar oft bei kranken und alten Menschen, die früher regelmäßig den Sonntagsgottesdienst besuchten. Sie leiden nicht mehr darunter, die Eucharistie entbehren zu müssen, sondern sind gleichsam froh, sich entschuldigt zu fühlen, da sie, weil schon alt und gebrechlich, nicht mehr gehen können. Dabei wird fast in jedem Pfarrbrief das Angebot gemacht, zum Empfang der heiligen Sakramente, natürlich auch der Beichte, mit der man erst recht kaum mehr etwas anfangen kann. Dabei ist es bereits die mangelnde Sehnsucht nach dem Leib des Herrn, die jeder einmal vor Gott verantworten muss. Selbst wenn ganz konkret das Angebot gemacht wird, ist meist wenig Begeisterung zu spüren. „Was habe ich denn verbrochen, dass ich die Kommunion empfangen sollte?", wurde mir einmal von einer Frau gesagt, zu deren Mann ich öfters gekommen bin.

Als der selige Kaiser Karl mit seiner Gattin Zita in die Verbannung gebracht wurde, hat er vor allem darunter gelitten, dass er die heilige Kommunion tagelang entbehren musste. Erst vor Gibraltar wurde damals ein Priester an Bord des Schiffes gelassen, damit er dort für das Kaiserpaar die heilige Messe feiere. Es war auf dem Weg nach Madeira.

Als der selige Franz Jägerstätter bereits den sicheren Tod durch Hinrichtung vor Augen hatte, äußerte er sich einmal: „Hundert Kilometer würde ich gehen, und das unter Bewachung, wenn ich noch einmal die Möglichkeit bekäme, eine heilige Messe mitfeiern zu dürfen." Als er einmal als Gefangener innerhalb einer Woche zweimal die heilige Kommunion erhielt, bezeichnete er sich als Glückskind.

Bischof George Mamalassery aus Tura (Indien), der uns ja seit Jahren alle zwei Jahre in Lamprechtshausen besucht, hat mir einmal gesagt, dass die Bevölkerung seiner Diözese mitunter drei Tage unterwegs sei, wenn an einem Ort seiner Diözese die heilige Messe gefeiert werde. Ähnliche Beispiele könnte man aus vielen Missionsländern anführen, darunter auch von Kindern, die es riskiert haben, daheim Schläge zu bekommen, wenn sie mitunter tagelang unterwegs waren, um an einer Missionsstation die heilige Messe mitfeiern zu können. Wenn in der Zeit meiner Kindheit mitunter die heilige Messe in einer Bauernstube gefeiert wurde, habe ich die Besitzer dieses Bauernhofes heimlich wegen dieser Ehre beneidet. Was man aber nicht kennt, das schätzt man auch nicht besonders. Daher wurde uns als Kinder schon im Religionsunterricht der Spruch gelehrt: „Gott kennen ist die erste Pflicht, wer Gott nicht kennt, der liebt ihn nicht."

Deine Freude war es, die Erstkommunikanten um Dich zu scharen, um zu ihnen zu sprechen. Diesen Brauch hat übrigens der gegenwärtige Papst Benedikt XVI. wieder aufgegriffen. Ein Letztes möchte ich in diesem Brief erwähnen, weil ich mich gerade deswegen mit Dir besonders verbunden fühle. Es ist Deine Anhänglichkeit an das österreichische Kaiserhaus und da im Besonderen Deine Verehrung für den am 3. Oktober 2004 seliggesprochenen Kaiser Karl, obgleich Du ihm vermutlich nie persönlich begegnet bist. Seine Gattin, Kaiserin Zita, hat mir selbst bei einem meiner Besuche bei ihr in lebhaften Worten erzählt, wie sie mit ihrer Mutter, der Herzogin Antonia, wenige Monate vor der Trauung bei Dir in Audienz war. Du brachtest dabei Deine Freude darüber zum Ausdruck, dass Karl der nächste Kaiser von Österreich würde. Sie hat Dir dabei mehrmals widersprochen, in der Meinung, dass Deinerseits ein Irrtum vorliege. Du ließest Dich aber nicht beirren und sagtest auch, dass Karl Österreich zur großen Ehre gereichen werde, dies aber erst nach seinem Tode deutlich würde. Er werde der Lohn Gottes sein für Österreichs Treue zur Kirche.

Es bleibt hier für unsere Heimat noch manches aufzuarbeiten. Wenn auch viele sich über seine Seligsprechung aufrichtig gefreut haben, so haben die Medien nicht selten von einer umstrittenen Seligsprechung gesprochen, weil sie eben unseren geliebten Kaiser Karl zu wenig kennen. In Italien, dem ehemaligen Feindesland, wurde er im Jahr der Seligsprechung wiederholt als prophetische Persönlichkeit bezeichnet, wichtig für das neu entstehende Europa.

Für all unsere Anliegen möchte ich Dich um Deinen päpstlichen Segen bitten, den Du uns von Deiner himmlischen Wohnung aus erteilen mögest.

Dein

P. Leopold Broll

Von den seligen Francisco und Jacinta (Seherkinder von Fatima): Fest 20. Februar

Gott, du liebst die Unschuld und erhöhst die Niedrigen. Wir bitten dich: Schenke uns auf die Fürsprache der Unbefleckten Mutter deines Sohnes die Gnade, dir nach dem Beispiel der seligen Francisco und Jacinta mit einfachem und demütigem Herzen zu dienen, damit wir würdig werden, in das Himmelreich zu gelangen. Darum bitten wir durch Jesus Christus ...

Foto der drei Seherkinder von Fatima: Jacinta, Lucia und Francisco

Lieber seliger Franz, liebe selige Jacinta!

Ihr seid bei dieser Korrespondenz, bei der ich mich an Himmelsbewohner wende, die einzigen Kinder.

Aus verschiedenen Gründen steht Ihr mir doch persönlich nahe. Der Todestag und damit himmlische Geburtstag von Dir, lieber seliger Franz, fällt datumsmäßig auf zwei wichtige Ereignisse in meinem Leben, nämlich den der Taufe und den der Erstkommunion. Ich empfing sie genau 20 Jahre bzw. 29 Jahre nach Deinem seligen Heimgang. Außerdem habe ich durch den Oberlehrer Josef Strohmayer, der ja noch Eure Eltern kannte und der oft auf Besuch zu mir nach Lamprechtshausen kam, viel über Euch erfahren und dadurch selbst einmal mit zahlreichen Verwandten von Euch zusammentreffen können, darunter auch mit Pater Josef, einem Neffen von Lucia, mit dem ich auch in der dem heiligen König Stefan von Ungarn geweihten Kirche konzelebrieren durfte.

Auch Euer Bruder Joao, den ich später noch einige Male in seinem Haus besuchen konnte, durfte ich damals kennenlernen. Er hat Euch zunächst auch nicht geglaubt, dass Ihr eine etwa 18-jährige, junge, schöne Frau gesehen habt, die direkt vom Himmel kam. Erst als Ihr, so wie Ihr es vorausgesagt habt, wenige Jahre nach diesen Erlebnissen gestorben seid, glaubte er fest daran, dass Ihr nicht gelogen habt. Euren größten Triumph, die Seligsprechung durch Papst Johannes Paul II., durfte er leider nicht mehr erleben. Etwa einen Monat zuvor ist er gestorben.

Bis zu den außerordentlichen Ereignissen des Jahres 1917 war Euer Leben fröhlich und sorglos verlaufen, wohl geborgen im Schoß einer echt christlichen Familie. Eurer Cousine Lucia, die Euch um viele Jahre überlebt hat und erst am 13. Februar 2005 in die Ewigkeit abberufen wurde, ward Ihr herzlich zugetan und Ihre Gesellschaft habt Ihr jeder anderen vorgezogen. Euer Lieblingsplatz war bei einem Brunnen im elterlichen Garten. Später nach den Erscheinungen der überaus schönen Frau habt Ihr Euch dort vor allem zum Rosenkranzgebet zurückgezogen, den Euch die Muttergottes so sehr ans Herz gelegt hatte, um ihn für die Bekehrung der Sünder zu beten.

Viel weniger als die sechs Marienerscheinungen, die Euch in der Zeit vom 13. Mai – 13. Oktober 1917 zuteilwurden, ist die dreimalige Erscheinung eines strahlend schönen Engels im Jahre 1916 bekannt. Was der Weihnachtsengel den Hirten in Bethlehem mitteilte, sagte nun ein Engel auch zu Euch: „Fürchtet euch nicht!" Er stellte sich vor als der Engel des Friedens. Es war in der Zeit des 1. Weltkrieges. Er lehrte Euch auch ein Gebet, das wohl auch für unsere Zeit sehr aktuell ist: „Mein Gott, ich glaube an dich, ich bete dich an, ich hoffe auf dich, ich liebe dich. Ich bitte dich um Verzeihung für jene, die nicht glauben, dich nicht anbeten, nicht auf dich hoffen und dich nicht lieben."

Als ich im August 1982 mit Josef Strohmayer in Fatima war, waren wir auch an den Erscheinungsstätten des Engels. Joao, Euer Bruder, begleitete uns dabei. Es ist dies ein Ort, wohin man selbst bei offiziellen Fatima-Pilgerreisen kaum hinkommt. Für uns war dieser Besuch aber doch eine bedeutende Bereicherung.

Mit der Auszeichnung, die himmlisch schöne Frau zu sehen, waren in der Folge auch viele leibliche und seelische Leiden verbunden bis zu Eurem frühen Heimgang am 4. April 1919 bzw. am 20. Februar 1920. Während es den meisten Menschen eigen ist, Spaß und Unterhaltungen zu suchen, denn „wir leben nur einmal", „pflücket die Blumen, eh' sie verblühen", ward Ihr erfinderisch, immer neue Opfer zu suchen; einerseits, um der göttlichen Majestät für alle Sünden der Menschen Genugtuung zu leisten, und andererseits, um die göttlichen Gnaden fließend zu machen, damit möglichst viele Menschen die Gnade der Bekehrung vor ihrem Tode erlangen und dadurch einmal in den Himmel kommen können. Euer größtes Opfer aber war wohl das geduldige Ertragen der Schmerzen vor Eurem Tode. Zugleich habt Ihr beide auch versprochen, dass derjenige, der zuerst durch den Tod von dieser Welt hinweggenommen wird, der Zurückbleibenden bei Gott und der Himmelskönigin gedenken und sie nicht vergessen wird. Es mag dies auch für uns heutige Menschen Anlass für unsere Zuversicht sein, einmal gut drüben in der anderen Welt anzukommen. Es hängt ja unendlich viel davon ab, wie einmal die Begegnung mit dem lebendigen Gott, der Himmel und Erde erschaffen hat, gelingen wird.

Was hat Euch die Kraft dazu gegeben? Zugegeben, die Gottesmutter hat Euch kleinen Kindern schon viel zugemutet, als sie Euch am 13. Juli 1917 einen Blick in die Hölle schauen ließ. Ihr wäret, wie Ihr selber sagtet, vor Schrecken gestorben, wenn sie Euch nicht zuvor ausdrücklich zugesichert hätte, dass Ihr in den Himmel kommt.

Wie sehr hat man doch in der Folgezeit versucht, Euch zu einem Widerruf zu veranlassen oder dazu, zu beteuern, dass Ihr Euch getäuscht hättet. Weder Versprechungen noch Drohungen aber waren imstande, Euch einzuschüchtern. Am meisten hatte wohl Eure Cousine Lucia in dieser Hinsicht zu leiden, da sie die Älteste von Euch war und daher als die „Hauptverantwortliche der Lügengeschichten" galt. Als der Bezirksvorsteher sah, dass er so nicht zum Ziel kam, versuchte er noch ein letztes Mittel. Zornig sprang er auf und schrie: „Wenn Ihr nicht im Guten gehorchen wollt, wird es im Bösen gehen!" Und er befahl einem seiner Angestellten, eine große Pfanne mit siedendem Öl vorzubereiten. Darin sollten die Widerspenstigen gebraten werden. Einstweilen schloss er Euch Kinder in ein Zimmer ein. Welch qualvolle Augenblicke für Euch kleine Kinder! Bald öffnete sich die Tür und der Bezirksvorsteher rief Dich, Jacinta. „Wenn Du nicht Antwort gibst, bist Du die Erste, die verbrannt wird. Komm mit mir!" Obgleich Du damals kaum sieben Jahre alt warst, folgtest Du ihm sofort, fest entschlossen, dem Befehl der Madonna treu zu gehorchen. Nach einiger Zeit öffnete sich die Tür und der Bezirksvorsteher schrie in Deine Richtung, Franz: „Die ist jetzt tot, nun kommst Du dran!" Du zeigtest nicht weniger Festigkeit als Jacinta, als man Dich fortschleppte. Auch an Dir glitten Liebkosungen und Drohungen ab. Zuletzt wurde Lucia gerufen. Später fragte man sie, wie ihr zumute war. Sie war überzeugt, dass er ernst mache und dass es mit ihr aus sei. Aber sie hatte keine Angst und empfahl sich der Madonna. Daraufhin gab der Bezirksvorsteher die grausame Komödie auf und Ihr drei Kinder wart wieder vereint, wenn auch nicht von der Angst befreit.

Die insgesamt sechs Erscheinungen der Gottesmutter, bei der letzten Erscheinung bezeichnete sie sich selbst als Rosenkranzkönigin, erfolgten immer am 13. des Monats, ausgenommen im August. Damals hatte man Euch ja inhaftiert. Aber wenige Tage später am Sonntag, den 19. August, als Du, Francisco, Dein Bruder Joao und Lucia in den „Valinhos" die Herde hüteten, bemerktet Ihr auf einmal den Blitz, der immer die Erscheinung der schönen Frau ankündigte. Da Jacinta nicht da war, batet Ihr Joao, schnell Jacinta zu holen. Dieser aber wollte zunächst nicht, da er auch diese schöne Frau zu sehen wünschte. Das hat uns Joao selbst an dieser Erscheinungsstätte erzählt. Er erklärte sich erst bereit, als man ihm dafür einen Escudo versprochen hatte. Kurz nach dem Eintreffen von Dir, Jacinta, zeigte sich die schöne Frau über einem Baum, der dem in der Cova da Iria ähnlich war, aber deutlich höher. Bei dieser Erscheinung kündigte sie auch an, dass Euch im Oktober auch der heilige Josef mit dem Jesusknaben erscheinen werde.

Das große Sonnenwunder, das am 13. Oktober, einem sehr regnerischen Tag, geschah und das 50.000 – 70.000 Menschen miterlebten, brachte eine Wende. Die leibliche Schwester von Lucia erzählte es uns selbst, als wir am 12. August 1982 in Fatima waren, mit eindrucksvollen Gesten. An diesem 13. Oktober 1917 bezeichnete sich Maria selbst als Rosenkranzkönigin. Auf einmal schrie Lucia: „Schaut die Sonne!" Ein überwältigendes, nie gesehenes Schauspiel erlebten die Augenzeugen. Der Regen hörte plötzlich auf, die Wolken zerrissen und die Sonnenscheibe wurde sichtbar. Doch sie war silbern wie der Mond. Mit einem Mal begann die Sonne mit ungeheurer Geschwindigkeit wie ein Feuerrad um sich zu kreisen, rote, grüne, blaue und violette Strahlenbündel werfend, die Wolken, Bäume, Erde und die große Menschenmenge in fantastische Farben tauchte. Ein unvergessliches Erlebnis. Einen Augenblick hielt sie an. Dann begann der Feuertanz von Neuem. Noch einmal stand sie still, um dann ein drittes Mal den wunderbaren Anblick zu bieten, noch farbenprächtiger, noch glänzender als vorher. Atemlos und verzückt stand die Menge da. Plötzlich hatten alle den Eindruck, als löse sich die Sonne vom Firmament und eile auf sie zu. Ein viel tausendstimmiger Schreckensschrei gellte auf. Dann klang es durcheinander: „Ein Wunder, ein Wunder, mein Gott Barmherzigkeit." Das Schauspiel dauerte rund zehn Minuten. Es wurde von einfachen Menschen wie von Wissenschaftlern, Journalisten und auch den Verwandten der Seherkinder gesehen.

Ihr hattet inzwischen noch ein anderes Erlebnis. Ihr habt die Heilige Familie gesehen, also auch den heiligen Josef mit dem Jesuskind, wie sie die Welt segnete. Erbittet diesen Segen doch auch uns heutigen Menschen, vor allem den sehr gefährdeten Familien unserer Zeit! Denn die heutige Zeit hat ihn so sehr nötig.

Darum bittet Euch Euer

Vom seligen Kaiser Karl: Fest 21. Oktober

Gott, du hast den seligen Karl durch die Widrigkeiten dieser Welt von der irdischen Herrschaft zur Krone des Himmels geführt. Gewähre uns auf seine Fürsprache hin, dass wir deinem Sohn und unseren Brüdern und Schwestern dienen und so zum ewigen Leben gelangen. Durch unsern Herrn Jesus Christus ...

Gemälde des seligen Kaisers Karl in der Pfarrkirche von Lamprechtshausen. Maler: Hannes Gisser, Foto: Friedrich Lenz.

Eure Majestät,
lieber seliger Kaiser Karl!

Oft schon wurde ich gefragt, wie ich mit Deiner Familie, also dem Haus Habsburg, vor allem mit Deiner Gattin, der Kaiserin Zita, in Verbindung kam. Ich möchte versuchen, in diesem letzten Brief dieses Büchleins „Adresse HIMMEL – Liebesbriefe von Pater Leopold" eine Antwort zu geben.

Schließlich bin ich ja bei Weitem nicht der einzige Priester, den Dein Leben und heroischer Opfertod in den Bann gezogen hat. In einem weiteren geplanten Band, in dem ich mich an weitere heilige und selige Himmelsbewohner wenden möchte, will ich auch Deine Gattin, Kaiserin und Königin Zita, einbeziehen, von der ich selbst wie auch einige Jahre vorher von Gräfin Sophie Nostitz (Tochter des Thronfolgerpaares Erzherzogs Franz Ferdinand und Herzogin Sophie von Hohenberg) so manches erfahren habe, was vielleicht Menschen späterer Generationen noch interessieren könnte. Dafür besteht insofern ein echter Beweggrund, weil nun auch für sie ein eigenes Seligsprechungsverfahren in Le Mans (Frankreich) eingeleitet wurde. Ihr offizieller Titel lautet demnach künftig: Dienerin Gottes, Zita, Kaiserin und Königin. Das Thema ist einfach so umfangreich, dass es in einem Brief nicht erschöpfend dargestellt werden kann.

Da wir uns ja noch im Priesterjahr befinden, möchte ich zuletzt auf Deine vielfältigen Kontakte zu Päpsten, Bischöfen und einfachen Priestern eingehen, die Du vor und nach Deinem Tode hattest. Das deswegen, weil Deine Gläubigkeit, die Dein Leben zutiefst geprägt hat, viele Menschen, darunter auch zahlreiche, die dem Priesterstande angehörten, besonders beeindruckt hat. Und auch deshalb, weil Du ja selber die Priester besonders geliebt und geachtet hast. Schon die Einleitung Deines Seligsprechungsprozesses im Jahre 1949 hatte weltweites Aufsehen erregt. Für diejenigen aber, die Dich näher kannten, war es eine große Genugtuung.

Nun da Dein Ruf vor allem nach erfolgter Seligsprechung erst recht in alle Kontinente gedrungen ist und es bereits über 600 Stätten Deiner Verehrung in aller Welt gibt und vielerorts Reliquien von Dir verehrt werden, erkennen viele darin den offensichtlichen Willen Gottes. Nachdem die Wahrheit über Dein bewegtes Leben in allen Einzelheiten vor der höchsten Autorität der Welt, dem Apostolischen Stuhl, aufgerollt und genauestens untersucht und Dein heroischer Tugendgrad festgestellt wurde, sowie auch ein offensichtliches Wunder, das sich innerhalb einer Nacht ereignete, vorlag, war die Seligsprechungsfeier am 3. Oktober 2004 in Rom ein erster vorläufiger Höhepunkt. Freilich, Deine zahlreichen Verehrer wollen, wie der gegenwärtige Präsident der Kaiser-Karl-Gebetsliga, der Erzbischof von Luxemburg, Fernand Franck, erklärt, nicht auf halben Wege stehen bleiben, sondern weiterbetend auch die Gnade Deiner Heiligsprechung erwirken.

Wenige Jahre nach der Eröffnung Deines Seligsprechungsprozesses, ich war damals noch Volksschüler, fiel mir einmal in einer Kirche die Broschüre „Ein Kaiser stirbt" auf. Zunächst dachte ich dabei allerdings an einen der römischen Kaiser, die das Christentum blutig verfolgten. Davon hatte ich ja viel in einer Heiligenlegende gelesen. Aha, so dachte ich mir, auch solche Menschen müssen sterben, wird wohl ein Sterben in tiefer Verzweiflung gewesen sein. Meine Mutter hingegen sagte: Man bemüht sich um seine Seligsprechung. Dieses Wort „Seligsprechung" hörte ich damals zum ersten Mal. Jedenfalls hat mich dies stutzig und nachdenklich gemacht. Mein Vater sagte daraufhin: „Da werden aber gewisse Leute schimpfen, wenn dieser seliggesprochen wird. Aber mich täť's freuen." Diese Worte haben mich erst recht neugierig gemacht. Die Eltern haben mir die Broschüre bereitwillig gekauft. Ich habe sie auch gelesen.

Dennoch ließen mich andere Sorgen und Probleme Dich wieder vergessen. Erst die sogenannte „Wien-Woche", an der jeweils höhere Schulklassen teilnehmen, so auch die 7. Klasse des humanistischen Gymnasiums Borromäum, die ich damals besuchte, hatte mein Interesse am österreichischen Kaiserhaus neu geweckt, vor allem an Dir.

Ein Programmpunkt war damals auch die Kaisergruft im Kapuzinerkloster. Gerade Deine Büste, die anstelle Deines Sarkophages, der sich ja auf Madeira in der dortigen Wallfahrtskirche auf dem Monte befindet, dort aufgestellt wurde, Dein visionärer Blick sowie die Worte darunter, die in lateinischer Sprache abgefasst sind, haben mich von da an nicht mehr losgelassen. In deutscher Sprache lauten diese Worte: „Karl I., Kaiser von Österreich, apostolischer König von Ungarn, im Schloss Persenbeug, am 17.8.1887 geboren, im Exil in Funchal am 1.4.1922 gestorben, zwar nicht körperlich, aber durch sein Fürbittgebet allzeit der Heimat nahe."

Wieder daheim, habe ich mich an die Broschüre „Ein Kaiser stirbt" erinnert. So machte ich an einem Sonntag einen Nachmittagsspaziergang in die Andräkirche, ob vielleicht dort die Broschüre aufliegen würde. Und tatsächlich, sie befand sich auf dem Schriftenstand. Dort habe ich dann erstmals davon gelesen, dass es eine Gebetsliga gibt, die den Seligsprechungsprozess betreibt. Schon tags darauf habe ich mich angemeldet und schon nach wenigen Tagen erhielt ich die gewünschten Informationen mit Andenkenbildchen, ein echtes Foto und vor allem die bis dahin erschienenen Jahrbücher der Gebetsliga. Sie haben mich bis heute zu allen meinen Wohnsitzen begleitet. In der Folge habe ich mir dann jegliche weitere Lektüre besorgt, die ich finden konnte.

Natürlich entstand dadurch schon bald der Wunsch, einmal auch zu Deinem Grab auf Madeira zu reisen, was mir aber zunächst wie ein unstillbarer Wunschtraum vorkam. Als aber das oberösterreichische Landesreisebüro unter Führung von Friederike Serschen und Pfarrer Johann Steinbock eine solche Reise im Jahre 1974 ausschrieb und ich der Mutter davon berichtete, waren meine Eltern sofort bereit, für die Kosten aufzukommen.

Die Flugreise führte über Spanien und Portugal nach Madeira. In Madrid hatten wir vor der Abreise nach Portugal einen besonders langen Aufenthalt. Wegen eines nicht reparierbaren Schadens am Flugzeug waren wir gezwungen, nachdem wir bereits die Sitze eingenommen hatten, wieder auszusteigen und in ein anderes Flugzeug umzusteigen. Kaum waren wir drinnen, fiel dort der Strom aus, was wieder einen längeren Aufenthalt erforderte. Dies alles erhöhte natürlich die Nervosität unter den Flugzeuggästen. Erst am Abend konnten wir dann in Richtung Lissabon durchstarten. Dort angekommen, gab es die genaueste Kontrolle, die ich jemals auf einem Flughafen erlebt hatte. Von allen Seiten waren Gewehrläufe auf uns gerichtet. Als ich meinen Pass vorzeigte, wurde mir der Gewehrlauf direkt über den Pass vor die Brust angesetzt. Dennoch hat mich dies nicht besonders beunruhigt.

Warum die strenge Kontrolle? Kurz zuvor gab es in Portugal einen politischen Staatsstreich. Die Regierung des Premierministers Marcelo Jose Caetano wurde gestürzt und nach Madeira verbannt, also ausgerechnet dorthin, wohin wir unterwegs waren. Nachdem wir in Portugal den weltberühmten Wallfahrtsort Fatima und einige Sehenswürdigkeiten in der Umgebung besucht sowie eine Stadtrundfahrt in Lissabon absolviert hatten, verlief die Reise nach Madeira sowie der dreitägige Aufenthalt dort ohne weitere Probleme.

Bei strahlend schönem Sonnenschein konnten wir mit dem Flugzeug die Heimreise antreten. Aber schon bald darauf geriet das Flugzeug in heftige Turbulenzen. Wir durchquerten eine Gewitterfront. Draußen wurde es ganz schwarz und das Flugzeug wurde heftig geschüttelt. Ein Aufschrei von vorn nach hinten ging durch den Flugzeugraum. Aber der Kolumbianer, der neben mir saß, eine große Flasche Madeirawein vor sich, lachte nur. Dies hat mich doch ziemlich beruhigt. Im nächsten Augenblick war draußen wieder strahlender Sonnenschein und der weitere Flug verlief ohne Probleme.

Je mehr ich darüber nachdenke, lieber seliger Kaiser Karl, umso mehr sehe ich darin ein Symbol Deines Lebens und Deiner Verherrlichung. Über Deiner Kindheit und Jugend lag gleichsam Sonnenschein, abgesehen von einigen Unfällen und Bosheiten, die man sich Dir gegenüber erlaubte. Umso mehr warst Du bemüht, nach Deinen Möglichkeiten auch in andere Häuser und Familien etwas Sonnenschein zu bringen, indem Du Tombolas zugunsten armer Kinder veranstaltetest und für Abbrändler die Wäschetruhe ausräumtest. Teilen und Schenken bereiteten Dir eine besondere Freude.

Freilich gab es schon damals, ähnlich wie über das Jesuskind, eine dunkle Prophezeiung, von der Du freilich mit Sicherheit nichts erfahren hast. In Sopron (Ödenburg), wo Dein Vater, Erzherzog Otto, stationiert war, als Du gerade acht Jahre alt warst, hat die aus Graz stammende Ursulinenschwester Vinzentia Fauland Deinem Religionslehrer, dem Dominikanerpater Norbert Geggerle, als dieser sie bat, doch im Gebet auch an seinen Schützling, also an Dich, zu denken, die geheimnisvollen Worte gesprochen: „Ja man muss viel für den Erzherzog beten, denn er wird Kaiser werden. Er wird viel leiden müssen und ein besonderer Angriffspunkt der Hölle sein."

Es wurde daraufhin eine Gebetsgemeinschaft gegründet, die Dich gleichsam ins Gebet einhüllen sollte. Je mehr später die Stürme über Dich hereinbrachen, umso mehr hat man das Gebet für Dich intensiviert. Nach Deinem heiligmäßigen Tod in der Verbannung begann man dann bald, um Deine Seligsprechung zu beten. Die Gebetsliga für den Frieden der Völker, die auf allen Kontinenten vertreten ist, will nun die Gnade der Heiligsprechung erbitten. So machte damals Gräfin Alphonsa von Klinkovström einmal die Bemerkung: „Wir haben uns, so scheint es, überbetet. Wir haben um einen großen Kaiser gebetet und haben uns einen Heiligen erbetet."

Für Dich gab es zunächst noch einige frohe Jahre, vor allem aufgrund der Verlobung und Heirat mit Prinzessin Zita von Bourbon-Parma, mit der Du schon als Kind befreundet warst. Es folgte die Geburt des Erstgeborenen, Franz Josef Otto, heute im 98. Lebensjahr, sowie weiterer Kinder. Am Tag vor der Hochzeit sagtest Du zu deiner Braut: „Jetzt ist es unsere Aufgabe, einander in den Himmel zu führen! Wohlgemerkt, nicht an einen Himmel auf Erden dachtest Du dabei, und schon gar nicht an ein Liedchen, das man heutzutage öfters hören kann: „Ich tanze mit dir in den Himmel hinein, mein Mädel, ich lade dich ein!" Du warst nüchtern genug, dass es einen solchen Himmel auf Erden nicht gibt. Dennoch waren zunächst die Sonnenseiten vorherrschend. Mit Deiner jungen Frau machtest Du größere Reisen, um ihr das große Reich zu zeigen, dass Ihr, wie Ihr hofftet, einmal in Friedenszeiten regieren würdet. Zahlreiche Wallfahrtsorte, vor allem Mariazell, das österreichische Nationalheiligtum, standen auf Eurem Reiseprogramm.

Da Deine Gattin Zita kurz vor der Hochzeit auf Deine Bitte hin um eine Audienz beim damaligen Papst Pius X. ansuchte (am 29.5.1954 heiliggesprochen) und dieser damals offenbar prophetische Worte über Dich äußerte (Näheres dazu im Brief an den heiligen Papst Pius X.), habt Ihr gewiss gelegentlich darüber gesprochen – zumal auch Thronfolger Erzherzog Franz Ferdinand selbst seinen gewaltsamen Tod vorausahnte. Kaiserin Zita hat mir ja selbst darüber ausführlich erzählt. Der Doppelmord von Sarajewo am 28. Juni 1914 hat Euch dann zu unmittelbaren Thronanwärtern gemacht. Da Kaiser Franz Josef bereits ein Greis von 84 Jahren war, konntet Ihr damit rechnen, in den nächsten Jahren das schwere, verantwortungsvolle Erbe antreten zu müssen.

Durch den Ersten Weltkrieg, der bald darauf ausbrach, war nun das Familienleben nicht mehr so ungetrübt. Als Korpskommandant warst Du meist bei Deinen Soldaten an verschiedenen Fronten und hast die unsäglichen Leiden, die der Krieg mit sich brachte, aus nächster Nähe miterleben müssen. Schon damals hast Du unermüdlich nach Möglichkeiten gesucht, ein rasches Kriegsende herbeizuführen. Am 21. November 1916 starb schließlich abends nach 68-jähriger Regierungszeit Kaiser Franz Josef und dadurch wurdest Du sein Nachfolger auf dem Thron des großen Vielvölkerreiches. Jetzt wurde es nun erst recht Dein Bestreben, die „Segnungen des Friedens" baldmöglichst wiederherzustellen und so viel wie möglich Leiden des Krieges zu lindern. So entstand ein Sozialministerium, das erste Sozialministerium der Welt überhaupt.

Sowohl bei den Bundesgenossen wie bei den Feindmächten suchtest Du nach Möglichkeiten, ein rasches Ende der Kriegshandlungen herbeizuführen. Damals war der Diabolos (deutsch: der Durcheinanderwerfer), nämlich der Satan, überaus eifrig am Werk. Die Tatsache, „der Teufel schläft nicht", hast Du wie auch Deine herzensgute Gattin in sehr leidvoller Weise zu spüren bekommen. Auch unter den sog. „Freunden" gab es zahlreiche, die Deine besten Pläne zu sabotieren verstanden. Kaum war etwa Bethmann Hollweg bereit, über Friedensmöglichkeiten zu sprechen, hat General Ludendorff alles zunichtegemacht. „Keinen voreiligen Frieden!", so lautete seine Parole. Nicht viel anders war es in Frankreich. Ministerpräsident Briand wollte sich versöhnlich zeigen und wurde von Clemenceau gestürzt, der Krieg bis zum Endsieg forderte, denn: „Den Krieg tötet nichts als der Krieg."

Anatole France, eher ein Freigeist, hat nach dem Krieg, der auch Frankreich unsäglich viel Leid brachte und viele Soldaten das Leben kostete, folgendermaßen über Dich geurteilt: „Niemand wird mich jemals davon überzeugen können, dass der Krieg nicht schon viel früher hätte beendet werden können. Kaiser Karl wollte den Frieden. Er war der einzige anständige Mensch, der während des Krieges an führender Stelle auftrat. Kaiser Karl wollte den Frieden und deshalb hasst ihn alle Welt."

Clemenceau, ein erbitterter Gegner Österreichs, der auch mit der Kirche so gut wie nichts am Hut hatte, nannte Dich spöttisch einen Papst in Mitteleuropa. Die heftige Propaganda, verbunden mit gehässigen Verleumdungen gegen Dich und Deine Gattin, hatte schließlich ihr Ziel erreicht. Der unglückliche Kriegsausgang führte zur Zerschlagung der Donaumonarchie, die über 700 Jahre lang die Geschicke eines großen Teils von Europa lenkte. Eure Absetzung und die Ausrufung der Republik hatten schließlich Eure Verbannung in die Schweiz zur Folge. Dort trat der Versucher auch an Dich heran. Eine Abordnung der Loge versprach Dir Rückerstattung des Besitzes, ja sogar, ihren Einfluss geltend zu machen, Dir die Krone zurückzugewinnen. Einzige Bedingung: Einfluss auf Ehe- und Schulgesetzgebung. Deine Antwort war knapp, aber klar: „Das ist für mich völlig unannehmbar!"

Du aber hast noch zweimal versucht, wenigstens das Königreich Ungarn zurückzugewinnen. Nicht persönlicher Ehrgeiz haben Dich dazu veranlasst, einen solchen Schritt zu wagen. Vor allem hat Dich Papst Benedikt XV. geradezu anflehen lassen, dieses

Wagnis zu unternehmen, da er durch den Bolschewismus große Gefahren für Europa heraufsteigen sah. Ähnliches hast auch Du vorausgeahnt. Gerade Deine Worte an den Fürsten Windisch-Grätz, einem Deiner früheren engen Mitarbeiter nach dem ersten Restaurationsversuch, bestätigen dies: „Ich war jetzt einmal in Ungarn, ich werde ein zweites, ein drittes und auch ein zehntes Mal zurückkehren und wieder und wieder versuchen, an die Spitze der Volksbewegungen zu treten, um den zerrissenen Donauraum zusammenzuschmieden. Sollte dies nicht gelingen, so steht allen diesen Völkern ein grauenvolles Schicksal bevor, denn die deutsche Macht wird noch kraftvoller wiedererstehen als zuvor. Im Osten aber werden die Sowjets zu einer Bedrohung der europäischen Zivilisation, und zwischen diesen Mühlsteinen werden die kleinen Völker im Donauraum versklavt und zertrümmert werden, wenn sie es nicht verstehen, sich zu friedlicher Arbeit zusammenzufinden."

Die Geschichte hat Euch, nämlich dem Papst und Dir, in dramatischer Weise recht gegeben. Nachdem auch der zweite Restaurationsversuch nach einem kühnen Flug in die Heimat vor allem durch Verrat gescheitert war, haben Euch die Siegermächte nach Madeira verbannt. Die Bevölkerung erwartete dort einen durch viele Misserfolge und Schicksalsschläge gebeugten Mann, dem sie ihre Anteilnahme bekunden wollten. Stattdessen erlebten die Bewohner von Madeira eine leutselige Persönlichkeit, die frohe Glaubenskraft ausstrahlte. Das anfängliche Mitleid wandelte sich bald in Begeisterung und schließlich in aufrichtige Verehrung, obgleich Ihr der dortigen Bevölkerung nichts geben konntet, sondern vielmehr auf ihre Hilfe angewiesen ward.

In diesen wenigen Monaten, in denen Du Dich besonders Deinen beiden ältesten Kindern, Otto und Adelheid, gewidmet hast, wuchs bei Dir mehr und mehr die Überzeugung, Gott wünsche von Dir das Opfer Deines Lebens zur Rettung Deiner Völker. Du hast dies schließlich auch Deiner Gattin Zita gesagt, die, wie ich selbst von ihr erfahren habe, darauf antwortete: „Als Mutter kann ich nicht Ja sagen, als Kaiserin nicht Nein sagen." Mit einem Blick auf die Wallfahrtskirche auf dem Monte, die schon bald Deine Grabeskirche werden sollte, sagtest Du mit festen Worten: „Und ich werde es tun!" Wenngleich Zita sicher hoffte, dass Gott es bei dieser Bereitschaft bewenden lassen möge, hast Du von da an der Kaiserin Ratschläge gegeben, was sie tun müsse, wenn Du vielleicht in kurzer Zeit nicht mehr bei ihr sein könntest.

Bald schon hast Du Dir eine tödliche Krankheit zugezogen. Die überaus schmerzlichen Leiden führten zu Deinem Tode. Nur knapp 35 Lebensjahre waren Dir vergönnt. Auf dieses Opfer hat auch der Erzbischof von Luxemburg anlässlich der Gebetsligawallfahrt nach Großgmain im Oktober 2009 hingewiesen und so Dein Opfer mit dem Gottesknecht bei Jesaja verglichen (siehe erste Lesung vom 29. Sonntag im Jahreskreis, Lesejahr B). Dieser Vergleich mag manchen Menschen allzu kühn erscheinen. Jesus selbst sagt aber darüber: „Der Jünger steht nicht über seinem Meister, aber wenn er alles gelernt hat, wird er wie sein Meister sein." Wenn es vom Gottesknecht heißt: Er (nämlich Gott) rettete den, der sein Leben als Sühneopfer hingab, so ist gerade Deine Seligsprechung eine eindrucksvolle päpstliche Bestätigung, dass Gott Dein Leben gerettet hat für das ewige Leben. Deinen heroischen Entschluss, Dein Leben als Sühneopfer für Deine Völker hinzugeben, hast Du nicht mehr zurückgenommen, sondern noch bekräftigt durch Deine seitdem oft zitierten Worte auf dem Sterbebett: „Ich muss so viel leiden, damit meine Völker wieder zusammenfinden." Gerade unter diesem Eindruck hat ein Arzt, der bis dahin ungläubig war, unmittelbar nach dem Tode ausgerufen: „Beim Sterben dieses Heiligen muss man seinen verlorenen Glauben wiederfinden." Er hat ihn gefunden und trat der katholischen

Männerkongregation von Funchal bei. Der damalige Bischof von Madeira, Antonio Pereira, sagte später einem österreichischen Priester in Rom: „Keine Volksmission hat jemals so viel zur religiösen Erneuerung in meiner Diözese beigetragen wie der kurze Aufenthalt ihres Kaisers auf unserer Insel."

Nach einem derart stürmischen Leben, das Dich noch viel mehr als unser Flugzeug, als es durch die Gewitterfront flog, durchgeschüttelt hat, bist Du, nach einem heiligmäßigen Sterben, in das himmlische Reich heimgekehrt. Wie es dort zugeht, wo Gott die Sonne ersetzt, darüber können wir nichts sagen. Oder doch? Der hl. Paulus beansprucht für sich Glaubwürdigkeit. Er hat sich dazu folgendermaßen geäußert: „Kein Auge hat es gesehen, kein Ohr hat es gehört, in keines Menschen Herz ist es gedrungen, was Gott denen bereitet, die ihn lieben." Dazu kommen andere Zeugnisse, wie etwa jenes des heiligen Apostels Johannes, dem auf der Insel Patmos gesagt wurde: „Er (nämlich Gott!) wird abwischen jede Träne von ihren Augen und es wird keinen Tod mehr geben, auch keine Trauer, keinen Klageschrei, keine Mühsal wird es mehr geben, denn das Frühere ist vorbei" (Offb 21,4).

Können sich Menschen eigentlich etwas Schöneres vorstellen? Es wird für alle jene gelten, die in das Buch des Lebens eingeschrieben werden, beziehungsweise für die, die im irdischen Leben nach dem Lebensprogramm lebten, das Jesus auf Erden verkündet hat. Diese Verheißungen gelten all denjenigen, die Gott aus ganzem Herzen lieben, und dies trifft auf jeden Fall für Dich zu. Dein Glaube wie auch Deine Hoffnung und Liebe konnten durch keine noch so harte Prüfung in ihren Grundfesten erschüttert werden. Gerade dies hat auch zahlreiche Priesterpersönlichkeiten, die Dir im Leben begegnet sind oder auch später von Dir erfahren haben, überaus beeindruckt. Der heilige Papst Pius X. hat es mit Hellseherblick vorausgesehen, Papst Benedikt XV. hat Dich und

Deine Gattin Zita als seine liebsten Kinder bezeichnet, für die er sehr viel tun wollte, aber die Rache derer fürchten musste, die Euch feindselig gesinnt waren. Papst Pius XII. sagte zum Vorstand der Gebetsliga, als dieser anlässlich der Eröffnung des Seligsprechungsprozesses bei ihm in Privataudienz war: „O, sehr gut, sehr gut, darauf habe ich lange gewartet." Er erzählte damals auch von seiner Begegnung mit Dir und dass er nachher vor Freude geweint habe, dass es eine solche Herrscherpersönlichkeit gibt. Dies hat uns Emmy Gehrig, die damals bei dieser Audienz dabei war, noch persönlich erzählt, als sie zu einem Vortrag über Dich im Borromäum war, wo ich ja damals das Gymnasium besuchte.

Johannes Paul II. brachte Dir und Deiner Gattin ja ebenso große Wertschätzung entgegen wie schon sein Vater, den Du einmal persönlich ausgezeichnet hast. Das war auch der Grund, weswegen Johannes Paul II., der sicher zu den bedeutendsten Persönlichkeiten der Papstgeschichte zählt, von seinem Vater den Namen Carol (deutsch: Karl) erhielt. Diesem Papst war es schließlich vorbehalten, Dich durch die Seligsprechung zur Ehre der Altäre zu erheben. Vor allem haben auch viele Bischöfe jahrelang auf dieses Ziel hingearbeitet. Der Erste von ihnen war vermutlich der spätere Fürsterzbischof Sigismund Waitz, der früher sogar eine Zeit lang Dein Religionslehrer war. Später hast Du in der Schweiz auch seine diplomatischen Dienste in Anspruch genommen. Er war auch der Erste, der der Gebetsliga eine offizielle bischöfliche Approbation verliehen hat. Zahlreiche andere Bischöfe waren von Dir fasziniert und haben das Anliegen Deiner Seligsprechung nach Kräften gefördert. So war etwa Weihbischof Jakob Weinbacher von Kardinal König dazu ernannt, jahrelang selbst Präsident der Kaiser-Karl-Gebetsliga. Er sagte über Dich: „Mag die Geschichte urteilen, wie sie will, der letzte Kaiser war auch der beste."

Erwähnen möchte ich dabei vor allem auch Bischof Bruno Wechner von Feldkirch, gewissermaßen ein Nachfolger von Bischof Waitz (damals war Feldkirch noch keine eigene Diözese). Bischof Rudolf Graber von Regensburg hat als einer der ersten Deine große Bedeutung für Europa erkannt und Deine Sendung in enger Verbindung mit der Botschaft von Fatima gesehen. Zu nennen wären auch die römischen Kurienkardinäle Augustin Bea und Benno Gut, die als Kardinal Ponens Deine Causa förderten. Auch der frühere Bischof Dr. Kurt Krenn hat als Präsident der Gebetsliga den Prozess gefördert. Er hat uns auch einmal anlässlich einer Gebetsligawallfahrt besonderen Mut gemacht mit seiner Aussage: „Wir haben gutes Material." Kardinal Hans Hermann Groer hoffte daher sehr, da ja ein offenkundiges Wunder bereits vorlag, auf eine Seligsprechung von Dir zusammen mit anderen Seligsprechungskandidaten bei einem Papstbesuch in Österreich. Es war dies offenbar sogar der Wunsch von Papst Johannes Paul II. selbst. Die Feier fand aber dann erst am 3. Oktober 2004 in Rom vor dem Petersdom statt. Großer Jubel brandete auf, als nach der Seligsprechungsformel Dein Bild an der berühmtesten Kirche der Welt feierlich enthüllt wurde.

Den ersten offiziellen Gottesdienst vom seligen Kaiser Karl, also von Dir, feierte tags darauf, da Kardinal Schönborn verhindert war, Bischof Egon Kapellari von Graz zusammen mit zahlreichen Konzelebranten in der Basilika Santa Maria Maggiore, einer der vier Hauptbasiliken Roms. Dabei durfte auch ich konzelebrieren. Kardinal Schönborn feierte dann die erste heilige Messe unter großer Anteilnahme des Volkes in der Wiener Karlskirche. Dabei hob er nochmals die Rechtmäßigkeit dieser Seligsprechung hervor und erklärte, dass es sich bei der Heilung von Zita Gradovska wirklich um eine plötzliche wunderbare Heilung handelte, so wie er es unmittelbar nach der Seligsprechung in seinem Artikel „Ein Heiliger für unsere Zeit" im „L'Osservatore Romano" dargelegt hatte.

Große Vorarbeit für Deine Seligsprechung hat als langjähriger Präsident der Gebetsliga Pater Stephan Sommer, Zisterzienserpater von Lilienfeld, geleistet. Zahlreiche Wallfahrten hat er vorbereitet und durchgeführt, die viele Sitzungen erforderten.

Heute bemühen sich vor allem der Erzbischof von Luxemburg, Fernand Franck, sowie Franz X. Brandmayr, jetzt Rektor der Anima in Rom (unterstützend beraten auch vom Salzburger Weihbischof Andreas Laun), in diesem Anliegen. Aus dem Munde von Andreas Laun habe ich übrigens noch vor der Seligsprechung erfahren, dass Kardinal Ratzinger (jetzt Papst Benedikt XVI.) Deiner Seligsprechung sehr positiv gegenübersteht. Man könnte natürlich noch viele Namen nennen. Ich wollte nur ein wenig belegen, dass ich bei Weitem nicht der einzige Priester bin, der jahrzehntelang auf Deine Seligsprechung gehofft hat. Zuletzt möchte ich noch an drei Priester erinnern, die Dich persönlich gut gekannt haben. Kaiserin Zita hat mir wiederholt von P. Heinrich Abel, einem Jesuitenpater, erzählt, dem berühmten Männerapostel von Wien, der auf Dich großen Eindruck machte und Einfluss ausübte.

Während des Weltkrieges hat es sicher zahlreiche Feldkuraten gegeben, die Dein persönlich gutes christliches Beispiel besonders beeindruckt hat. Ich möchte hier vor allem einen nennen, nämlich P. Bruno Spitzl OSB vom Stift Sankt Peter in Salzburg. Er hat sich nicht nur für den Seligsprechungsprozess als Zeuge zur Verfügung gestellt. In seinem berühmten Buch „Die Rainer" hat er Dir auch ein schönes literarisches Denkmal gesetzt. Er wusste, dass Du als Korpskommandant wie kaum ein anderer militärischer Führer von den Soldaten geliebt wurdest. Sie waren fasziniert vom Zauber Deiner Persönlichkeit wie auch von Deinem unbestechlichen Gerechtigkeitssinn. Unvergesslich blieb ihm, wie er mit Dir anlässlich einer Soldatenmission von den Aufgaben der Militärseelsorge im Krieg, von den Gelegenheiten zu möglichen regelmäßigen Gottesdiensten in der Stellung und von der Bedeutung des Sakramentenempfanges für den Soldaten im Feld sprach. Er hat selbst bezeugt, dass er nie mit einem militärischen Laienvorgesetzten gesprochen habe, der mehr Interesse an den Seelsorgspflichten zeigte. Umso mehr schmerzte ihn, als gegen Kriegsende ein Verleumdungsfeldzug gegen Dich losging, vor allem auch, weil selbst Priester und Offiziere dabei mitmachten. So hat er gerade den Geburtstag der Kaiserin noch zum Anlass genommen, um von den Pflichten des vierten und achten Gebotes zu predigen und davon, dass auch Kaiser und Kaiserin ein naturgegebenes Recht auf Wahrung ihres guten Namens hätten. Er hat damals nicht allen aus dem Herzen gesprochen, aber dennoch erreicht, dass nicht mehr ganz so kritiklos Nachrichten nachgeplappert wurden.

Das Ende der Monarchie und Deine Verbannung aus der Heimat brachte ihn selbst vor lauter Gram an den Rand des Todes. Er wurde tatsächlich sterbenskrank und bekam, als man ihn schon über den Berg glaubte, einen schweren Rückfall, als er erfuhr, dass die Monarchie zerstört und Österreich zur Republik ausgerufen worden sei. Als ihn der Salzburger Landeshauptmann Dr. Rehrl am 2. April 1922 telefonisch von Deinem Tode benachrichtigte, kostete es ihm Mühe, sich dem Willen Gottes zu beugen. Er tröstete sich aber dann doch mit der Gewissheit, dass Gott die Ewigkeit zur Verfügung hat, um Recht und Wahrheit zum Siege zu führen.

Als letzte Priesterpersönlichkeit möchte ich schließlich noch P. Maurus Carnot vom Kloster Disentis in der Schweiz erwähnen, wie P. Bruno Spitzl gleichfalls ein Benediktinerpater. Erstmals hat er sich gemeldet anlässlich der Erstkommunionfeier Deines ältesten Sohnes Otto kurz vor dem Zusammenbruch des Reiches, indem er dazu ein Gedicht sandte und ein warmes Dankschreiben der Kaiserin erhielt. Carnots Vorliebe galt dem Lande Österreich, insbesondere aber Tirol, dem Land Andreas Hofers. Aus der Liebe zum dortigen Reich erwuchs, dies wird niemand überraschen, auch seine besondere Liebe zum Herrscherhaus und ganz besonders eben zu Dir, der aus Österreich verbannten kaiserlichen Majestät.

Dennoch hätte er es sich nie träumen lassen, dass es mit dem letzten Träger der österreichischen Kaiserkrone zu einem besonders nahen Verhältnis kommen würde. Einige Deiner Kinder verbrachten zwei Winterferien im sonnigen Disentis und so kam es auch zu einer mehrmaligen Begegnung mit Dir. Dadurch hat P. Maurus schon zu Deinen Lebzeiten ein erstes Büchlein verfasst, „Grün in Tirol", das er seinem Freund, dem Kalendermann Reimmichl, widmete. Darin versuchte er die haltlosen Verleumdungen Dir gegenüber zu widerlegen und Deine Seelengröße den Österreichern, vor allem den Tirolern, nahezubringen. Nach Deinem Tode griff er nochmals zur Feder und verfasste die Schrift „Hammerschläge an Tür und Turm bei Kaiser Karls Gang zum Grabe". In diesem Buch ging er streng mit den damaligen Schweizer Behörden ins Gericht, da man Dich wegen Deines Rückkehrversuchs in die Heimat Ungarn des Wortbruches bezichtigte. Ungarn war aber für Dich nicht die Fremde, sondern Heimat. Keines der Werke des P. Maurus hat derart die Aufmerksamkeit der Eidgenossen erregt, so viel freudige Zustimmung und so viel entschiedene Ablehnung erfahren. Das schönste Wort, das dieser priesterliche Freund über Dich fand, war wohl: „Wohin Karl kam, brachte er Freude mit, wo er wegging, ließ er Freude zurück."

Nach Deinem Ableben auf der Insel Madeira erklärte er, gleichsam visionär in die Zukunft schauend: „Einstens wird von seinem Grab eine Kraft ausgehen zur Überwindung der gottfeindlichen Welt und zum Sieg des Christentums!" Niemals fehlten fortan im Kaiser-Karl-Kalender, der von 1929 an bis 1938 nach seinem Willen erschien, seine Beiträge. Er sagte selbst: „Dies soll mir auch meine letzte Lebensstunde etwas heller machen, dass ich dem edlen Kaiser Karl und seiner Familie auch nicht eine Minute lang die Treue gebrochen habe."

Mit einem Erlebnis, das uns Dein ältester Sohn Otto von Habsburg einmal bei einem bayerisch-österreichischen Priestertreffen in Reichersberg am Inn erzählte, möchte ich dieses Buch abschließen.

Otto von Habsburg hatte in Amerika einen Vortrag gehalten, in dem er sich zu den moralischen Grundprinzipien bekannte, wie sie die Kirche vertritt – und wurde ausgelacht. Deshalb glaubte er, dass dieser Abend ein verlorener Abend gewesen wäre. Doch Jahre später erhielt er zu seiner Überraschung einen Brief vom damaligen Inhaber des Lokals, in dem ihm dieser eingestand, dass er in jener Nacht praktisch nicht mehr geschlafen habe. Denn er hatte hinter der Tür gelauscht und einige Äußerungen Deines ältesten Sohnes haben ihn unruhig und nachdenklich gemacht. So sehr, dass er sich entschloss, das Lokal zu schließen und Theologie zu studieren. Nun schreibe er ihm den Brief am Vorabend seiner Priesterweihe.

Gerade dieses Eingeständnis könnte vielen Priestern unserer Zeit, natürlich auch Papst und Bischöfen, Mut machen, wenn Frustrationsgefühle sich breitmachen möchten. Man weiß nämlich nie, was einem Menschen in stillen Nachtstunden durch den Kopf gehen und dennoch gute Früchte hervorbringen kann, selbst wenn es ihn nur befähigte, den Namen des Herrn anzurufen und nicht zu verzweifeln. Denn Verzweiflung wäre tatsächlich das Schlimmste, was einem zustoßen könnte. Freilich muss dies im Leben eingeübt werden. Denn gewiss gilt auch hier der Grundsatz: „Was Hänschen nicht lernt, lernt Hans nimmermehr."

Ungeheuer viel steht für jedes Menschenleben in diesem irdischen Leben auf dem Spiel. Dreimal stehen in der Heiligen Schrift die Worte: „Wer den Namen des Herrn anruft, wird gerettet werden", nämlich beim Propheten Joel (Joel 3,5). Petrus zitiert sie in seiner Pfingstpredigt (Apostelgeschichte 2,21) und der heilige Paulus erwähnt sie im Römerbrief (Röm 10,13), dem längsten und sicher bedeutendsten seiner Briefe. Was aber dreimal in der Bibel zu lesen ist, hat sicher ein besonderes Gewicht.

Bischof Erich Kräutler (übrigens Onkel von Bischof Erwin Kräutler), der die Rückreise in die Amazonasmission einmal zu einem Abstecher nach Madeira und damit zum Besuch Deines Sarkophages in der dortigen Marienkirche auf dem Monte nutzte, hat unter anderem geschrieben „… wolle Gott, dass Du edler Kreuzträger des 20. Jahrhunderts bald von vielen Tausenden angerufen werden darfst, dass Du allen gegenwärtigen und zukünftigen Generationen im Himmel Fürsprecher des wahren Frieden seiest." Diesem Wunsch werden sich von Herzen viele anschließen und um Deinen kaiserlich-väterlichen Segen für die Heimat bitten, die Dir so sehr am Herzen lag. Und Du wirst die Deinen nicht vergessen im Gegensatz zum Mundschenk, der damals auf den ägyptischen Josef vergaß, der unschuldig im Gefängnis sitzen musste.

Jedenfalls möchten Dich darum sicher viele Deiner treuen Verehrer bitten und natürlich auch ich.

In aufrichtiger, dankbarer Verehrung

Dein

Nachwort

Senatsrat Josef Haunschmidt erklärt das von ihm geschaffene Bild

Sonntag, den 6. Juli 2008, feierte unser Pfarrer, Herr Geistlicher Rat P. Leopold Strobl OSB, das 40-jährige Priesterjubiläum. Zudem wollte ihm die Pfarrbevölkerung dafür danken, dass er es 25 Jahre lang mit uns „ausgehalten" hat. Also noch ein Jubiläum!

Wiederholt saß der Pfarrgemeinderat beisammen, um zu beraten, wann, wo und wie die Pfarrgemeinschaft und wir unseren Pater Leopold feiern wollen. Ja, lieber Leser, es ist schon so richtig: Wir wollten ihn feiern! Wer Pater Leopold nämlich näher kennt, weiß, dass er kein Mann der Öffentlichkeit ist, sich niemals in den Vordergrund drängt. Natürlich wusste auch er, dass er um eine gewisse Feier nicht herumkommen würde, doch bedurfte es keines gewiegten Gedankenlesers, um seinen Gesichtsausdruck zu deuten: „Herr, wenn es möglich ist, so lasse diese Tage ohne große Feierlichkeiten an mir vorüberziehen, aber nicht mein Wille geschehe, sondern ..."

Unsere Absicht war, ihn so zu feiern, wie wir ihn kennen und schätzen. Es dürfte auch gelungen sein, denn Pater Leopold war die Freude, die ihm die Festwoche und das Hochfest als solches bereitet haben, deutlich anzusehen und auch die Festbesucher waren, von wenigen Ausnahmen abgesehen, voll des Lobes.

Natürlich wollte ihm die Pfarrbevölkerung auch ein kleines „materielles" Geschenk machen, aber welches? Sollte es vielleicht ein besonderes Bild sein? Ja, vielleicht, aber der Pfarrhof ist doch schon voll „bebildert"! Vielleicht ein besonderes Buch oder Ähnliches? Ja, vielleicht, aber die bilderfreien Wände des Pfarrhofes sind doch schon durchgehend „bebüchert"!

Ich kenne niemanden, der so viele Heilige kennt wie unser Herr Pfarrer. Er ist diesbezüglich ein kenntnisreicher Experte, aber kein Stubengelehrter, sondern Praktiker. Wie das geht, wenn doch nur Tote heiliggesprochen werden können? Was heißt da, Tote? Tote können nicht heilig sein, denn wir brauchen sie ja „lebendig", um sie in unseren Nöten beim Herrgott als Fürsprecher anrufen zu können. Also, Pater Leopold besucht, wann, wenn und wo immer es möglich ist, solche Orte, an denen die sterbliche Hülle eines Heiligen bzw. einer Heiligen bestattet ist. Um diese Begräbnisstätten überhaupt ausfindig zu machen, bedarf es vorerst umfangreicher Nachforschungen. Ziel dieser Forschertätigkeit ist aber für Pater Leopold immer nur die Reise zum Ort der Bestattung selbst.

Das Aufsuchen dieser Orte setzt aber wiederum voraus, dass man sich die jeweiligen Reisen finanziell leisten kann. Pater Leopold verfügt über keinen Führerschein und daher auch über kein Automobil. Er ist daher grundsätzlich auf öffentliche Verkehrsmittel angewiesen oder auf Reiseveranstalter, die Reisen zu Orten durchführen, wo (auch) Heilige bestattet sind.

21 (in Worten: einundzwanzig) gemeinnützige Vereinigungen der Pfarre und Ortsgemeinde Lamprechtshausen haben sich daher zusammengetan, um Pater Leopold bei weiteren derartigen Reisen finanziell zu unterstützen. Bisher konnte er schon mehr als 650 Begräbnisstätten von Heiligen besuchen und dort beten und es sind ihm noch viele andere Wallfahrten im wahrsten Sinne des Wortes zu wünschen.

Das angesammelte Reisegeld wurde beim Hochfest in einem großen Kuvert übergeben und ich habe dazu eine glaublich lustige „Sonderbriefmarke" erstellt, die Pater Leopold mit Reisekoffer und einer Aktentasche zum Einsammeln „geistiger, geistlicher" Reliquien zeigt. Beispielhaft wurden dort an die 30 Namen von heiligen Personen „abgehakt" und sieben „personifizierte" Heilige begleiten unseren reiselustigen Dorfpfarrer bei weiteren Wallfahrten, so Sanctus Henricus, eine ehemals kaiserliche Majestät, Sanctus Martinus, ehemals Bischof von Tours, Sanctus Franziskus, „il povero", Sancta Barbara und – natürlich – der selige ehemalige Kaiser Karl.

Dass unser verehrter Herr Pfarrer an dieser „Sonderbriefmarke" so viel Gefallen gefunden hat, dass er sie sogar in seinem Buch zeigen will, freut mich natürlich sehr. Hätte ich das vorher gewusst, hätte ich für deren Erstellung sicherlich wesentlich mehr Zeit und Mühe aufgewendet und – wäre dem „Wesen" von Pater Leopold wahrscheinlich nicht annähernd gerecht geworden.

Josef Haunschmidt, Lamprechtshausen, im Jänner 2010

Kurzer Lebenslauf von Pater Leopold Strobl OSB

P. Leopold bzw. der kleine Josef im Alter von einem Jahr mit seinen Eltern Heinrich und Christine Strobl nach seiner ersten Palmsonntagsfeier.

P. Leopold Strobl, mit dem Taufnamen Josef, wurde als ältestes von fünf Kindern der Eheleute Heinrich und Christine Strobl am 3. April 1939 in Abersee (damals Zinkenbach), Gemeinde Sankt Gilgen, geboren. Der Vater war Briefträger. Es folgten noch der Bruder Heinrich (* 1940) und die Schwester Christine (* 1943), verehelichte Zimmermann. Die letzten beiden Geschwister, der Zwilling Ägid und Klara (* 1945), starben kurz nach der Geburt. Durch die Schrift: „Lebe mit der Kirche", herausgegeben von Pius Parsch im volksliturgischen Apostolat von Klosterneuburg, entdeckte Josef schon in früher Kindheit die Schönheit des katholischen Kirchenjahres, durch Bilder in einer Heiligenlegende die Bedeutung der Heiligenverehrung im Leben des Christen, durch ein Bild des hl. Wenzel darin die Wichtigkeit der heiligen Messe für die Menschen. (siehe Briefe an den heiligen Leopold und heiligen Wenzel). Dem Namenstag wurde zuhause weit mehr Bedeutung eingeräumt als etwa dem Geburtstag.

Nach 8 Jahren Volksschule begann für ihn das Gymnasialstudium zunächst an der damaligen zweiklassigen Sängerknabenschule Michaelbeuern, das dann ab der dritten Schulstufe als externer Schüler im Knabengymnasiusm Borromäum fortgesetzt und mit der Matura im Juni 1962 beendet wurde. Gewohnt hat er in diesen Jahren mit anderen Studenten in dem von Patres des Klosters Michaelbeuern betreuten Juvenat der Pfarre Mülln. Am 7. September 1962 erfolgte schließlich im Kloster Michaelbeuern die Einkleidung durch Abtpräses Maurus Riha. Als himmlischer Begleiter wurde ihm damals der heilige Markgraf Leopold von Österreich gegeben. Nach dem Noviziatsjahr begann für ihn an der Universität Salzburg zunächst das zweijährige Philosphiestudium, das anschließend mit dem der Theologie fortgesetzt und schließlich mit dem Absolutorium beendet wurde.

Josef mit Bruder Heinrich. Josef hält eine Packung der Hefte „Lebe mit der Kirche" in der Hand, von denen er sich trotz Fototermin nicht trennen wollte.

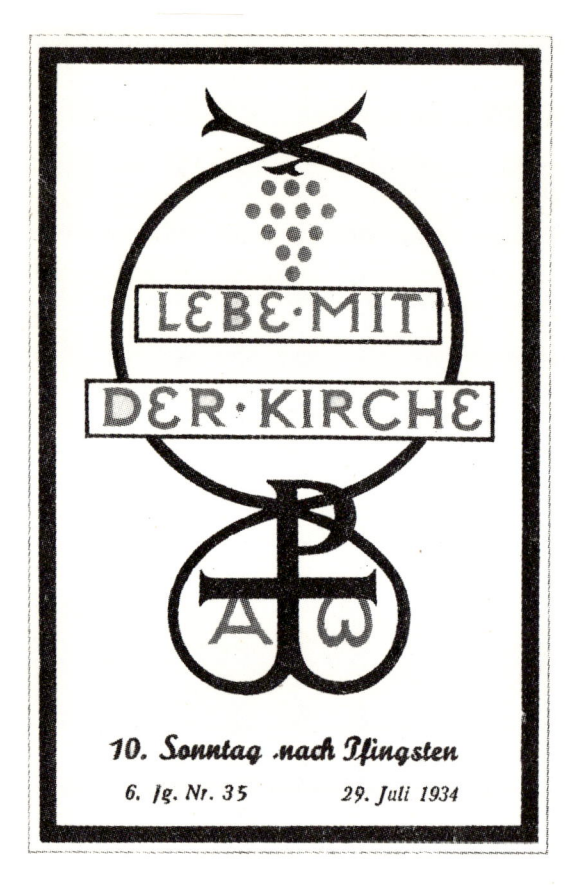

Umschlagseite des Heftes „Lebe mit der Kirche" vom 10. Sonntag n. Pfingsten, 29. Juli 1934. (In der Hand des kleinen Josef zu erkennen, Foto S. 169)

Schon am 29. Juni 1968 wurde er, da das vorgeschriebene Alter schon erreicht und die feierliche ewige Profess im Jahre 1966 bereits abgelegt wurde, vom Salzburger Erzbischof Andreas Rohracher zum Priester geweiht. In den Jahren von 1969 – 1977 war er im Kloster als Aushilfspriester und vor allem in der Redaktion von P. Berthold Egelseder OSB tätig. Pater Berthold war damals Herausgeber von drei Zeitschriften, nämlich dem „Benediktusboten", „Boten der unendlichen Liebe" sowie „Tabernakel und Fegfeuer." Als am 11. August 1977 der Pfarrprovisor von Seewalchen am Attersee, P. Gabriel Sax OSB, am Stilfser Joch/Südtirol mit dem Auto tödlich verunglückte, kam Pater Leopold als Lokalkaplan und letzter Seelsorger der Abtei Michaelbeuern dorthin.

Am 6. August 1983 erfolgte schließlich die Installation zum Pfarrer von Lamprechtshausen durch den damaligen Abt Nicolaus Wagner. Am 6. Juli 2008 konnte er dort mit seinen Mitbrüdern, mit zahlreichen Freunden und der Pfarrbevölkerung das 40-jährige Priesterjubiläum und zugleich das silberne Pfarrjubiläum feiern. In den letzten Jahren begann durch Veröffentlichung von Briefen an Himmelsbewohner in den Pfarrbriefen die eigentliche Vorbereitung zu diesem Buch.

Dank

Für alle Mithilfe und Anregungen zu diesem Buch möchte ich vor allem Dr. Josef Schlager ein „Vergelt's Gott!" sagen. Er ist Kinderarzt im Landeskrankenhaus Vöcklabruck und mit mir durch eine jahrelange Gebetsgemeinschaft verbunden. Er hat dieses Buch angeregt, an das ich auch schon entfernt gedacht habe, als ich in den vergangenen Jahren solche Briefe in unserem Pfarrbrief Lamprechtshausen veröffentlichte.

Danken möchte ich auch meinem persönlichen Freund Reg. Rat Wilfried Marbach (Zell am See) für wichtige Informationen, die er mir immer wieder, vor allem zu moralischen Themen, wie auch dem Haus Habsburg zukommen lässt. Ebenso danke ich auch Senatsrat Josef Haunschmidt für das zu meinem Doppeljubiläum geschaffene Bild, das er selbst in diesem Buch erklärt, dem Stift Klosterneuburg, vor allem Univ. Prof. DDr. Floridus Röhrig, sowie Christoph Hurnaus für die Beschaffung einiger Bilder.

Gewidmet meinen lieben verstorbenen Eltern, Heinrich und Christine Strobl, die doch sehr wesentlich dazu beigetragen haben, dass ich die Schönheit der katholischen Heiligenverehrung entdecken durfte.